à roda da leitura

LÍNGUA E LITERATURA NO JORNAL *PROLEITURA*

GRUPO ACADÊMICO "LEITURA E LITERATURA NA ESCOLA"

Coordenadores

Benedito Antunes – UNESP (Assis – SP)
Alice Áurea Penteado Martha – UEM (Maringá – PR)

Integrantes (professores)

Aroldo José Abreu Pinto – UNESP (Assis – SP)
Carlos Erivany Fantinati – UNESP (Assis – SP)
João Luís Cardoso Tápias Ceccantini – UNESP (Assis – SP)
José Batista de Sales – UFMS (Três Lagoas – MS)
Marco Antônio Domingues Sant'Anna – UNESP (Assis – SP)
Neuza Ceciliato de Carvalho – UEL (Londrina – PR)
Rony Farto Pereira – UNESP (Assis – SP)
Sonia Aparecida Lopes Benites – UEM (Maringá – PR)

Rony Farto Pereira
Sonia Aparecida Lopes Benites
(Organizadores)

à roda da leitura

LÍNGUA E LITERATURA NO JORNAL *PROLEITURA*

CULTURA ACADÊMICA
Editora

Núcleo Editorial Proleitura

Direitos de publicação reservados à:

Associação Núcleo Editorial Proleitura (ANEP)

Av. Dom Antônio, 2.100 – Parque Universitário

Caixa Postal 65 – CEP 19.806-900 – Assis/SP

Tel. (0xx18) 3302-5882

Fax (0xx18) 3302-5883

e-mail: proleitura@assis.unesp.br

Cultura Acadêmica

Praça da Sé, 108

CEP 01.001-900 – São Paulo – SP

Tel. (0xx11) 3242-7171

Fax (0xx11) 3242-7172

www.editoraunesp.com.br

e-mail: feu@editora.unesp.br

CIP-BRASIL. CATALOGAÇÃO NA FONTE
SINDICATO NACIONAL DOS EDITORES DE LIVROS, RJ.

A1

À roda da leitura: língua e literatura no Jornal Proleitura / Sonia Aparecida Lopes Benites e Rony Farto Pereira (organizadores). - São Paulo: Cultura Acadêmica; Assis: ANEP, 2004.

Inclui bibliografia
ISBN 85-7139-533-0

1. Língua portuguesa - Estudo e ensino. 2. Leitura. 3. Leitura - Estudo e ensino. 4. Literatura infanto-juvenil brasileira - História e crítica. 5. Literatura - Estudo e ensino. 6. Lingüística - Estudo e ensino. 7. Línguas e linguagem - Estudo e ensino. I. Benites, Sonia Aparecida Lopes. II. Pereira, Rony Farto. III. Título: Língua e literatura no Jornal Proleitura.

04-1258.　　CDD 469.8
CDU 811.134.3

SUMÁRIO

APRESENTAÇÃO

Durante pouco menos de nove anos, estudiosos de língua e literatura, pesquisadores e professores – especialmente do ensino fundamental e médio – puderam desfrutar de uma fonte importante de textos curtos, mas objetivos e profundos, que circularam em 26 números do tablóide *Proleitura*.

Publicado em Assis, Estado de São Paulo, por uma equipe constituída de professores da UNESP, UEL, UEM e UFMS, Câmpus de Três Lagoas, o *Proleitura* sempre primou por um cuidado editorial rigoroso, que permitiu fosse lido com prazer e proveito, seja pelos artigos de cunho teórico, relacionados aos avanços dos estudos lingüísticos e literários, seja pelos estudos ligados diretamente à aplicação em sala de aula, seja ainda pelas relevantes indicações de leitura e resenhas de obras de vária natureza, presentes em suas páginas.

Numerosas "cartas do leitor" indicaram, constantemente, a importância de facilitar o acesso à consulta do material publicado no *Proleitura*. Com esse objetivo, foram selecionados 42 artigos, que saíram do número 0 – a edição experimental, de junho de 1992 – ao número 25, que circulou em fevereiro de 2000, para constituírem o livro *À roda da leitura*: língua e literatura no jornal *Proleitura*.

O material foi organizado em blocos temáticos, que focalizam desde problemas gerais, como contar histórias, bibliotecas ou leitura, até questões específicas, como o destaque para o papel de autores de nossa literatura, que mereceram a atenção dos colaboradores do *Proleitura*.

Esperamos, com esta seleção de textos, possibilitar aos leitores continuar desfrutando, de um modo mais acessível, das idéias veiculadas no *Proleitura*, contribuindo com sua reflexão para o desenvolvimento dos estudos da área e, principalmente, fazendo chegar à sala de aula os avanços dos últimos anos.

Assis, abril de 2004
Os Organizadores

1.

ORA (DIREIS) CONTAR HISTÓRIAS!

Alice Áurea Penteado Martha
Carlos Erivany Fantinati

As experiências de contar histórias encontram, nos textos selecionados neste primeiro segmento, um tratamento diferenciado. Ora, estuda-se o seu caráter de pura manifestação da arte literária, procurando apresentar algumas noções elementares sobre certos traços estilísticos fundamentais do gênero, como faz Carlos Erivany Fantinati, em "Recursos fundamentais para um contador de histórias". Ora, resgatam-se exímios contadores de histórias que podem ser utilizados em sala de aula, como em "Contos populares africanos numa sala de aula", também de Carlos Erivany Fantinati, ou "Monteiro Lobato, o contista", de Alice Áurea Penteado Martha. Ora, relatam-se ainda casos de personagens/pessoas dedicados à arte de contar histórias – como em "Dona Benta, contadeira de histórias", também de Alice Áurea Penteado Martha.

Recursos fundamentais para um contador de histórias

Há contadores de história que desempenham espontaneamente o seu papel, atuando como mestres na arte de narrar fatos ou acontecimentos a seus ouvintes. Na infância de todos nós é possível ter havido alguém que se divertia em inventar e contar histórias palpitantes, de que quase nunca nos esquecemos. Pais, mães, avós, tios há que precisam somente de uma palavra – verdadeiro mote – para que a narrativa brote e continue a fluir encantando os seus ouvintes. Em sala de aula também existe esse tipo de contador de histórias. Basta que o professor acabe de dizer o tema da redação, imediatamente dá ele a partida para encher páginas e páginas com sua história. Outros, porém, ficam quietamente sentados a se torturar, mordendo a tampa da caneta, enquanto o tempo passa e a página continua em branco. Mas nem sempre o caudaloso narrador consegue manter a coerência de sua história, acabando muitas vezes por se perder ao esquecer ou contradizer certos fios da meada ao longo do seu narrar.

Quer o contador de histórias espontâneo e fluente, mas nem sempre coerente, quer os que se julgam incapazes de contar um simples caso, apresentam talvez um ponto comum: falta-lhes, no geral, o domínio consciente de certos elementos básicos constitutivos do ato de contar histórias, que, se adquirido, pode auxiliar os últimos a começar e os primeiros a aperfeiçoar o seu ofício. É pensando, pois, em ajudá-los – e em todos aqueles que desejam iniciar-se conscientemente no ato de contar histórias – e não em fazer teoria da narrativa, que procurarei apresentar algumas noções elementares sobre certos traços estilísticos fundamentais do gênero épico ou narrativo ao qual pertence o ato de contar histórias, ato que se constitui, com certeza, na mais antiga e duradoura forma do gênero.

Dentre as invariantes características do gênero épico, destaca-se a existência de dois planos: um, onde se situa a narração ou comunicação narrativa, outro, onde está a história ou universo narrado. Observando-se esses dois planos e buscando-se as relações entre eles, é possível afirmar que a narração, à semelhança da comunicação lingüística, apresenta um emissor – um eu – e seu pressuposto mútuo, o receptor – um tu/você – os quais se encontram num tempo presente, em que o primeiro dirige-se ao segundo para contar a história de um ser humano ou antropomorfizado – um ele –, utilizando-se para tal fim do tempo pretérito. Ao emissor e receptor da narração, como se sabe, dão-se os nomes de contador de histórias ou narrador e ouvinte ou leitor, caso se trate de narrativa oral ou escrita e ao ser humano ou antropomorfizado, localizado no plano do universo narrado, o de personagem. Estão também aí em jogo os três pronomes pessoais ou as três pessoas do verbo: "eu" e "tu/você" no plano da narração e "ele" no plano da história.

Dessas relações entre o plano da narração e o plano da história resulta uma série de conseqüências. O fato de a situação comunicativa dar-se num presente e o de a história ou matéria narrada localizar-se no pretérito criam "certa *distância* entre o narrador e o mundo narrado. Mesmo quando o narrador usa o pronome 'eu' para narrar uma história que aparentemente aconteceu a ele mesmo, apresenta-se afastado dos eventos contados, mercê do pretérito". Isto nos ensina Anatol Rosenfeld no excelente tópico que escreveu sob a denominação de "O gênero épico e seus traços estilísticos fundamentais", em sua obra O *teatro épico*. (São Paulo: Buriti, 1965, p.12-4).

A distância temporal entre os dois planos interfere também na amplitude do horizonte de conhecimento do narrador e do personagem. "O narrador – escreve ainda Anatol Rosenfeld – já conhece o futuro dos personagens (pois toda a estória já decorreu) e tem por isso um *horizonte mais vasto* que estes; há, geralmente, dois horizontes: o dos personagens, menor, e do narrador, maior." Tal fato ocorre – acrescenta – "mesmo na narração em que o narrador conta uma história acontecida a ele mesmo, o eu que narra tem horizonte maior do que o eu narrado e ainda envolvido nos eventos, visto já conhecer o desfecho do caso".

Para tornar tudo isso mais claro e concreto, citamos um exemplo: "uma avó conta a um neto a história da família". A avó e o neto situam-se num primeiro plano, num tempo presente, em que se realiza a narração ou comunicação narrativa: um emissor – a avó –, a contadora de história, o eu que fala dirige-se ao receptor – o neto –, o tu/você desse processo de comunicação épico. A família encontra-se num segundo plano, num tempo pretérito, no nível do universo narrado ou da história e é a personagem, uma terceira pessoa – um ela – de quem a avó fala ao neto.

Se se tomar essa mesma comunicação narrativa – uma avó conta a um neto –, mas, se, em lugar de a avó narrar a história da família, contar a sua própria história, entre, por exemplo, o nascimento e os vinte anos de idade, quando *era* criança e jovem, teremos, então, a história da avó contada pela mesma avó. Neste caso, um ser humano – a avó – desempenha dois papéis em dois planos e tempos narrativos diferentes: um, como narrador – a avó a contar ao neto –, um "eu" no tempo presente da narração, em companhia de seu "tu/você – o neto; outro, como personagem, um "ela" no tempo pretérito da história – a avó –, quando *era* criança e jovem e, portanto, ainda não era avó.

Buscando agora concretizar melhor as noções de distância épica e de horizonte de conhecimento, permaneçamos com nossas duas histórias e sua narração única, mas, ao mesmo tempo, coloquemos algumas datas – anos e idades – em fatos e pessoas. A primeira história poderia ser assim reescrita: "uma avó de 60 anos conta em 1995 ao neto de 15 anos a história da família entre 1880 e 1980". O ano de 1995 é a data em que está o plano da narração, ou seja, é o tempo presente da comunicação narrativa, em que se encontram o emissor – a avó – e o receptor – o neto –, com 60 e 15 anos respectivamente. A história centenária da família encerrou-se em 1980, e se encontra no pretérito, quando a narradora tinha 45 anos e o neto nascia, tornando-a avó. Quinze anos é a *distância* épica do fim da história da família e 115 de seu começo em relação a 1995, ano em que a avó está em companhia do neto contando-lhe a história.

No caso da segunda história, ela poderia ser assim reescrita: "uma avó de 60 anos conta em 1995 ao neto de 15 anos a história de seus primeiros 20 anos de vida, entre 1935 e 1955. As condições da comunicação narrativa são as mesmas da primeira história. A *distância* entre o eu que narra – a avó com 60 anos – e a personagem entre 1935 e 1955, quando "ela" vive seus primeiros vinte anos é de 40 anos, se tomarmos o ano do encerramento do relato como referência. É fácil inferir, com base nesses dados temporais que marcam a distância épica, a noção de diferença de horizonte entre o narrador e a personagem. Na primeira narração, a avó, como narradora, aos 60 anos em 1995, tem um horizonte de conhecimento mais amplo, maior, do que qualquer personagem – membros da família e desta como um todo – confinados entre 1880 e 1980. Na segunda narração, a avó, como contadora de história, aos 60 anos em 1995, possui uma amplitude de horizonte de conhecimento maior do que como personagem entre 1935 e 1955, quando termina o relato.

E, finalmente, convém lembrar a interposição do narrador entre o receptor (ouvinte ou leitor) e o universo narrado, funcionando como uma espécie de prisma que deforma permanentemente, segundo suas concepções, inscritas no ato de contar/narrar, a percepção que o receptor tem dos personagens e dos fatos que se desenrolam no plano do universo narrado. Wolfgang Kayser já chamava atenção para isso, quando caracterizou a situação épica primitiva: "um narrador conta a um auditório alguma coisa que aconteceu. O ponto de vista do narrador encontra-se, pois, em frente do que vai contar". (*Análise e interpretação da obra literária*. 5.ed. rev. aum. Trad. Paulo Quintela. Coimbra: Arménio Amado, 1970. p.243, v.2). No caso de nossa narração ou comunicação narrativa, o ponto de vista ou a perspectiva ou ainda a focalização do narrador ou contador de história – a avó – se interpõe constantemente entre o receptor – o neto – e os personagens e fatos narrados no pretérito, quer sejam os referentes à família na primeira narrativa, quer sejam os tocantes à própria avó, quando criança e jovem, na segunda narrativa.

Quanto à história ou universo narrado, é necessário lembrar que, a partir do estudo de Vladimir I. Propp, *Morfologia do conto maravilhoso* (Rio de Janeiro: Forense-Universitária, 1984), desenvolveram-se muitas reflexões e trabalhos sobre a história ou fábula ou matéria narrada, todos procurando definir-lhe, com base no método dedutivo, as invariantes que lhe compõem a estrutura sintática. Dentre os modelos elaborados, convém salientar aqui aquele esquema das histórias imemoriais, constituído, no princípio, por um estado inicial de equilíbrio, ao qual se segue a transgressão que o rompe, vindo- lhe depois as privações e peripécias que testam os personagens em provas decisivas, e finaliza com o restabelecimento do estado de equilíbrio inicial. Em outros termos, pode-se dizer que esse esquema seqüencial é constituído por três momentos: no princípio há uma ordem ou harmonia; a ele se segue uma ordem perturbada ou desordem, marcada por conflito ou tensão; no fim, tem-se a restauração da ordem ou harmonia.

Exemplifiquemos uma vez mais com a história da família contada pela avó ao neto preservando as datas e incluindo os estados e as ações. "Entre 1880 e 1930, a família era rica, quando ocorreu, na última data, a crise do café e ela perdeu todos os seus bens. Entre 1930 e 1980, a família trabalhou, recebeu o apoio dos amigos e lutou contra os inimigos. Afinal, em 1980, conseguiu reaver a riqueza perdida. Esquematicamente podemos representar a estrutura sintática da história da família do seguinte modo:

Ordem	Ordem perturbada	Ordem restaurada
(Harmonia) Família rica (1880 – 1930)	(Desarmonia: conflitos e tensões) Família sofre e pratica ações (trabalhar, receber ajuda, lutar) (1930- 1980)	(Harmonia) Família rica (1980)

Essa mesma estrutura sintática da história – história, denominada pelo autor narrativa ou intriga – é descrita com mais exatidão e rigor por Tzvetan Todorov em seu artigo "A gramática da narrativa", inserto na obra *As estruturas narrativas* (São Paulo: Perspectiva, 1969.), nos seguintes termos: "A intriga mínima completa consiste na passagem de um equilíbrio a outro. Uma narrativa ideal começa por uma situação estável que uma força qualquer vem perturbar. Disso resulta um estado de desequilíbrio; pela ação de uma força, dirigida em sentido inverso, o equilíbrio é restabelecido; o segundo equilíbrio é semelhante ao primeiro, mas os dois nunca são idênticos" (p.138). Comenta em prosseguimento, de maneira conclusiva, sobre o que acabara de descrever: "Existem, por conseguinte, dois tipos de episódios numa narrativa: os que descrevem um estado (de equilíbrio ou de desequilíbrio) e os que descrevem a passagem de um estado a outro. O primeiro tipo será relativamente estático e, pode-se dizer, interativo: o mesmo tipo de ações poderia ser repetido indefinidamente. O segundo, em compensação, seria dinâmico e só se produz, em princípio, uma única vez" (p. 138).

Um bom exercício para quem pretende contar histórias seria o de empenhar-se em reencontrar os traços estilísticos fundamentais da narração e da estrutura sintática da história nos contos de fadas, nas histórias em quadrinhos, nos desenhos animados, na publicidade que se utiliza do gênero épico. Melhor exercício ainda seria o de utilizá-los no ato de contar as próprias histórias.

Contos populares africanos numa sala de aula

O ensino de língua portuguesa no nível fundamental não costuma dar um tratamento temático a uma unidade de ensino que procure, por exemplo, confrontar a cultura brasileira com outras culturas, buscando mostrar, para além das diferenças que as distinguem e afastam, os relevantes traços comuns que as unem e aproximam. Experiências pedagógicas desse tipo talvez não sejam raras em outros países. Digna de relato é uma proposta de unidade de ensino centrada nos contos populares africanos e europeus, cujo intuito é o de mostrar suas semelhanças estruturais, como a persistência do mesmo esquema na sintaxe das histórias e na identidade de processos históricos, exemplificada pelo encerramento do ciclo das narrativas orais nos dois continentes em razão do desaparecimento das sociedades tradicionais às quais estavam umbilicalmente ligadas.

O número 134 da revista *Praxis Deutsch* (11/1995), dirigida ao ensino do alemão como língua materna, tem como tema o "outro" e o "mesmo" ou o estranho e o conhecido ou ainda o estrangeiro e o nativo, pensada essa relação sempre a partir do primeiro termo. A escolha do assunto é justificada pela importância do "outro" nas sociedades modernas, pela sua presença constante nos meios de comunicação de massa, como motivo de ódio, aversão e violência, cujos exemplos, na realidade européia, poderiam ser as relações entre alemães e turcos na Alemanha, entre franceses e argelinos na França, entre italianos e albaneses na Itália e entre as diferentes etnias e confissões religiosas na antiga Iugoslávia; nos Estados Unidos, as tensões entre norte-americanos e mexicanos ou porto-riquenhos ou latino-americanos em geral; e, no caso brasileiro, os estereótipos negativos cunhados em São Paulo e no sul do país contra os nordestinos. A escola não pode ignorar esse relevante papel que o "outro" desempenha, devendo, por isso, convertê-lo em elemento de ensino e do processo educacional. No editorial que abre o número, a revista explica: quem fala sobre o "outro" precisa pensar também sobre as crises da modernidade e sobre o difícil processo de transformação do sujeito em nossa sociedade. Muito mais importante do que esclarecimento e ensinamento em sala de aula, é para os alunos desenvolver a consciência sobre os próprios padrões de percepção e comportamento. Neste caso, trata-se de um conhecimento de que o "outro" pode permanecer-me antipático e estranho, mas de que posso conviver com ele sem agressão, ódio e violência, dada sua importância para mim e meu próprio desenvolvimento.

Professor do ensino fundamental e médio, Peter Bräunlein trabalhou o tema para alunos do equivalente à nossa quinta série, fazendo a proposta de uma unidade de ensino a que denominou "Uma viagem pela África através de seus contos populares". Baseado em pesquisas que mostram nos alunos uma visão preconceituosa da África, como um lugar incapaz de progresso, sem grandes cidades, carente de máquinas, marcado pela pobreza, mas, segundo alguns, feliz, além de traços negativos de fundo racista, com raízes no século XIX, e situando-se na perspectiva de um ensino intercultural que procura desmontar preconceitos racistas existentes nos discentes e contribuir para evitar seu surgimento, Peter Bräunlein estabelece o seguinte objetivo geral para sua prática pedagógica: "as culturas africana e alemã possuem, apesar de muitas diferenças, relevantes traços comuns e são igualmente valiosas". Considera adequada a fixação desse objetivo para alunos por volta dos onze anos por ser ele compatível com o seu desenvolvimento intelectual, uma vez que o tratamento do "outro" ou do "estranho" nessa faixa etária não pode afastar-se demais do universo de concepções e vivências familiares às crianças. A meta geral perseguida serve de base para três outros objetivos mais específicos, a saber: 1) embora haja diferenças formal e conteudística entre os textos, existem freqüentemente valores e concepções semelhantes entre a África e a Europa; 2) apesar de algumas diferenças, houve na África e Europa uma tradição semelhante relativamente aos contos populares; 3) os modernos meios de comunicação de massa acabaram com a "época dos contos populares" tanto na Alemanha quanto na África. Acrescenta a eles ainda um quarto, dependendo da quantidade de aulas disponível para desenvolver a unidade de ensino e da amplitude dos textos coletados dos distintos países africanos: "em oposição ao erro amplamente difundido de que todas as culturas africanas são iguais, há, à semelhança do que ocorre na Europa, significativas diferenças culturais no interior da África".

Consciente de que os alunos externarão durante as aulas concepções estereotipadas sobre a África, Peter Bräunlein chama atenção para a sua abordagem em sala de aula. Desaconselha, como resposta didática imprópria, a condenação moralista e de dedo em riste dos preconceitos racistas. Reconhece como dotada de sentido uma estratégia de esclarecimento, mediante a qual o professor apresente informações objetivas contra os clichês. Não deixa, porém, de alertar para o fato de que essa estratégia resulta com freqüência sem sucesso, ao ignorar os fortes fundamentos emocionais das ideologias racistas e a fantasia nelas investidas, que só podem ser combatidas, em última instância, de forma indireta e a longo prazo.

Explicados os objetivos visados, Peter Bräunlein apresenta um conjunto de seis textos a serem trabalhados em sala de aula. O primeiro é um excerto da autobiografia do político sul-africano Nelson Mandela, nascido em 1918, em que rememora as histórias contadas pelo pai e sobretudo as narradas pela mãe. "Enquanto meu pai contava casos das lutas históricas, (...), minha mãe alegrava-nos com lendas, mitos e fábulas que tinham sido contadas ininterruptamente ao longo de inúmeras gerações. Eram histórias que estimulavam minha fantasia infantil e muitas vezes tinham uma certa moral. Lembro-me de uma: falava de um viajante que se aproximou de uma velha sofrendo pavorosamente de catarata. A velha pediu-lhe ajuda, mas o viajante desviou dela o olhar. Então um outro homem veio pelo caminho, e a velha dirigiu-se também a ele. Pediu-lhe que lhe limpasse os olhos, e, o homem, embora achasse isso desagradável, fez o que ela lhe pedia. Então, a doença desapareceu integralmente, de forma miraculosa, dos olhos da velha, tornando-se ela jovem e bela. O homem casou-se com ela e ficou rico e feliz. É uma história extraordinariamente simples, mas sua mensagem é perene: a verdade e a generosidade recebem sua contribuição de um modo que não se pode saber de antemão".

As histórias contadas pela mãe de Mandela apresentam um modo didático de narrar, comparável ao do das mais antigas tradições dos contos populares europeus, podendo ser lembradas as *Histórias ou contos do tempo passado, com moralidades*, publicadas em 1697 por Charles Perrault (1618-1703) ou mesmo os *Contos de Grimm* (1812/15), cujas histórias, embora não contenham mais uma moral explícita, possuem sempre ensinamentos morais implícitos. Da perspectiva africana, esse modo didático de narrar inscreve as histórias maternas na longa tradição do *griot*, misto de trovador, comunicador e testemunha do presente e do passado das sociedades africanas tradicionais, cuja função é assim descrita por uma antropóloga: "Nas sociedades africanas tradicionais não eram somente as avós que à noite contavam histórias para as crianças. O 'contador de história' era uma figura benquista por toda a comunidade e reunia jovens e velhos ao seu redor, quando, então, narrava os casos. Sua aparição era como uma entrada em cena em um espetáculo teatral. Acompanhado por tambores e instrumentos musicais não só contava as histórias oralmente, mas também as representava. Conferia vida aos seus contos com mímicas, gestos, imitações das vozes dos animais e do jeito de falar das pessoas. À sua representação, os espectadores reagiam com gritos, perguntas ou manifestações emotivas. As narrativas explicavam fenômenos da natureza. Eram, porém, sobretudo moralmente dirigidas: condutas contra as normas da sociedade eram punidas pela entrada em cena dos espíritos e a quebra de tabus trazia como conseqüências o infortúnio e a degradação. Nas personagens das crianças modelar e desobediente eram representadas as conseqüências acarretadas pelas boas ou más ações".

Apresenta a seguir quatro contos populares africanos tendo três deles – "A corrida da tartaruga", "A tartaruga e o elefante" e "Kalulu, a lebre, e a tartaruga" – suas histórias construídas segundo uma estrutura sintática caracterizada pelo desafio entre os concorrentes, a preparação da corrida, seu transcurso e o resultado final, em que os mais fracos, porém mais inteligentes, vencem os mais fortes mas mais tolos. Confronta-os com um conto popular dos Irmãos Grimm – "A lebre e o ouriço" –, elaborado segundo a mesma estrutura, enfatizando-lhes as semelhanças.

Como último texto, Peter Bräunlein transcreve uma redação escrita pelo aluno camaronês do ensino fundamental, Pierre Tagne Tatientse, a propósito do tema "Por que está desaparecendo a tradição da narrativa oral na época moderna?" Dada sua importância como testemunho feliz e arguto de um jovem sobre um fato cultural, ei-la na íntegra: "A tradição da narrativa oral está desaparecendo, porque o ser humano não tem hoje mais tempo para ouvir um 'griot'. Meu avô, por exemplo, tem muita coisa para contar, mas eu não tenho tempo para ouvi-lo. Prefiro ler fábulas e histórias em um livro, porque posso educar-me por meio desse livro. As pessoas de hoje não se interessam mais pelas histórias do 'griot', pois estão interessadas em outras coisas. A televisão, as peças de teatro e o cinema ocupam o lugar da narrativa oral. Ninguém deixaria de ir ao cinema para ouvir um velho contar histórias. Assim posso dizer que a tradição da narrativa oral está desaparecendo porque ela não é escrita, e a televisão, o teatro e o cinema estão ocupando o lugar dela".

Monteiro Lobato, o contista

Além de criar a saga dos heróis do Sítio do Picapau Amarelo, Monteiro Lobato fundou e dirigiu revistas como *Braziléia* e a *Revista do Brasil*, participou de campanhas nacionalistas e produziu uma literatura que, em vista do interesse pela realidade brasileira, o alinha a escritores como Graça Aranha e Lima Barreto. Exemplos dessa produção são os livros de contos, publicados nos primeiros anos de sua carreira literária: *Urupês* (1918); *Cidades Mortas* (1919) e *Negrinha* (1920). Embora de modo geral essas obras carreguem o traço pitoresco e exótico, aprofundando a diferença entre o meio rural e o urbano – muitas vezes com desvantagem para o primeiro – e ainda exagerem no caráter doutrinário, sempre perigoso, não se pode desprezar os aspectos de antecipação modernista nelas contidos, como a valorização da linguagem oral, a crítica à "gramatiquice" do momento e o processo narrativo muito próximo do anedótico.

Urupês aponta, com ironia e irreverência, as mazelas da vida no interior de São Paulo, criando o Jeca Tatu, personagem que se popularizou em propagandas veiculadas em almanaques de produtos de saúde. Em *Cidades Mortas*, Lobato denuncia a decadência da cafeicultura no Vale do Paraíba, em textos cuja comicidade gera figuras caricatas, de valor oscilante entre o gratuito, o simples pitoresco, e o crítico-social mais elaborado.

Na primeira edição de *Negrinha*, encontram-se os melhores contos de Lobato, como "O Jardineiro Timóteo", "O colocador de pronomes", "O bugio moqueado", "Negrinha", entre outros de pouco valor literário, como "Fitas da vida" e "O drama da geada". Com "O colocador de pronomes", o escritor expõe sua veia satírica, criticando a linguagem conservadora e purista da literatura de então: Aldrovando Cantagalo, personagem-título do conto, tem seu nascimento e morte delimitados por dois erros fatais na colocação de pronomes.

Já em "O bugio moqueado", a novidade está na adequação entre assunto e estrutura da narrativa, uma vez que o inusitado dos fatos contamina a construção do texto. Apoiado na estrutura dos " causos" narrados pelos interioranos ao pé das fogueiras nas fazendas, o conto relata um estranho fato ouvido pelo narrador durante um jogo pelo sertão de Minas Gerais. Ao construir uma narrativa sobreposta a outra, ancorada em crenças e histórias populares, com uma linguagem bastante próxima a essa realidade insólita, Lobato aproximou-se tanto do *Macunaíma*, de Mário de Andrade, como da linguagem mitopoética, utilizada por Guimarães Rosa, trinta anos depois.

"O Jardineiro Timóteo", apesar de escorregões em estereótipos racistas, é um relato sensível e triste sobre a violência contra os negros no Brasil, podendo ser lido ainda como um lamento sobre certo lado destruidor da modernidade. Lobato parece questionar a modernização a qualquer preço, aquela que destrói sem critérios, sem pesar os sentimentos de quem participou da construção do momento anterior. Na mesma linha emotiva, "Negrinha" se mostra atual ao denunciar a violência contra a criança, notadamente a negra. Com ironia, Lobato elabora o retrato negativo "da excelente senhora", a "ótima dona Inácia", apontando, através de chavões, a hipocrisia da sociedade: "a caridade é a mais bela das virtudes cristãs..."; "quem dá aos pobres empresta a Deus".

A constatação da atualidade de Lobato deixa uma pergunta no ar: essas narrativas devem ser indicadas para a leitura no ensino fundamental? Acreditamos que sim, uma vez que a linguagem do escritor, oralizada, não se mostra muito distante dos textos de hoje. Além disso, e especificamente no caso de "Negrinha" e do "Jardineiro Timóteo", elas podem sr lidas conforme a atual perspectiva realista da literatura para crianças e jovens. Embora tenham como personagens principais dois negros remanescentes da escravidão, um idoso e uma criança, os contos revelam problemas contemporâneos, como a violência contra a infância e a velhice e mesmo o racismo da sociedade brasileira. Ainda que Negrinha e Timóteo não ajam para se libertarem da opressão – e nisso diferem das personagens da corrente do verismo na literatura de hoje – pode-se considerar a proximidade deles não só com a produção literária da década de 30, como também com o trabalho de escritores como Wander Piroli, Vivina de Assis Viana e Henry Corrêa de Araújo, por exemplo, autores de livros como *O menino e o pinto do menino*, *Os rios morrem de sede*, *O dia de ver meu pai* e *Pivete*.

Dona Benta, contadeira de histórias

Desde o lançamento de *Narizinho Arrebitado*, em 1921, quando se fala em contar e ouvir histórias, os leitores de Lobato imediatamente recuperam a imagem de Dona Benta, "com sua cestinha de costura ao colo e óculos de ouro na ponta do nariz". Essa figura encarna o contador ideal, não só em função da ligação afetiva de cada leitor com sua infância, mas, principalmente, pelos recursos que emprega, como personagem, para amarrar seus ouvintes. Já no primeiro livro, fica patente sua competência como contadora de histórias, quando, ao ler a narrativa de Pinocchio, "traduzia aquele português de defunto em língua do Brasil" e inventava vozes para as personagens, como a do boneco de Gepetto, que parecia voz de "taquara rachada".

Um rápido levantamento da obra de Lobato revela Dona Benta contando histórias para os netos e demais habitantes do Sítio, a partir de dois pontos de vista, principalmente: como professora e como avó. Embora não seja producente essa divisão estanque, dado o caráter dinâmico dos textos de Lobato, pode-se assinalar a predominância, no primeiro caso, do caráter pedagógico e, no segundo, do aspecto literário em seus relatos. Em ambos, porém, permite a participação dos ouvintes, dialogando com eles e concedendo-lhes, inclusive, a oportunidade de polemizar o narrado. Como professora, sua postura é, inegavelmente, pedagógica, transmitindo conhecimentos de Geografia, História, Física, Astronomia e cultura geral: como avó, privilegia o contar fantasioso e lúdico, sem preocupação didática, transportando, muitas vezes, o mundo do faz-de-conta para o Sítio do Pica Pau Amarelo. Sem embaraço, transita com naturalidade entre o real e a fantasia, desempenhando a contento a duplicidade de suas funções.

As histórias paradidáticas narradas por Dona Benta constituem o projeto pedagógico idealizado por Lobato, que visava à apresentação de novas propostas para o ensino, privilegiando o desenvolvimento da ciência e da tecnologia. *Hans Staden* (1927), *Viagem ao céu* (1932), *História do mundo para crianças* (1933), *Geografia de Dona Benta* (1935), *História das invenções* (1935) e *Serões de Dona Benta* (1937) revelam, mais do que a avó que conta histórias, a professora de uma escola, paralela à oficial, porém mais aberta e questionadora; já em *Peter Pan* (1930) e *Don Quixote para crianças* (1936), aflora a narradora que, em detrimento das prerrogativas pedagógicas, oferece a seus ouvintes um universo prenho de criatividade e fantasia.

Em ambos os casos, entretanto, Dona Benta segue como que um ritual para contar histórias, transformando a atividade no centro dos interesses dos habitantes do Sítio. Para motivá-los, por exemplo, marca horário e local para o início da narrativa – "às sete horas, na sala de jantar da casa do Sítio do Picapau Amarelo" – compromisso que valoriza o evento, pela importância do espaço onde ocorre, e aguça a curiosidade das crianças. Outro aspecto interessante é que procura conhecer com antecedência o que vai relatar aos seus ouvintes, lendo os livros que pretende recontar a eles. Com essa prática, evita surpresas com o desenrolar dos fatos e, ainda, ganha condições para cumprir sua função de adaptadora, como se pode observar em *História do mundo para crianças*: "Dona Benta leu o livro com cara de quem estava gostando; depois folheou e releu vários volumes de sua biblioteca que tratavam de assuntos semelhantes (...)." Age do mesmo modo quando, por exemplo, participando do mundo fantástico de seus netos, reconhece que era uma vergonha que o "Gato Félix soubesse quem era Peter Pan e ela não"; para solucionar esse problema, escreve a uma "livraria de São Paulo pedindo que lhe mandasse a história do tal Peter Pan".

Além da leitura prévia dos textos, como narradora experiente e preocupada com a interação entre os receptores e os fatos contados, Dona Benta procura adaptar sua narrativa às potencialidades das crianças. Esse trabalho, responsável por diminuir a distância entre as crianças e os acontecimentos, promover a superação das desigualdades entre o emissor adulto e o receptor infantil e relativizar o saber da avó, pode ser constatado nas narrativas *didáticas* e nas *literárias*. Em *História das invenções*, por exemplo, Dona Benta diz: "este livro não é para crianças (...); mas se eu ler do meu modo, vocês entenderão tudo..." em *Don Quixote para crianças*, ao perceber a dificuldade dos netos em compreender a linguagem do livro, decide adequar o estilo à faixa etária e à época de seus ouvintes: " –Meus filhos (...), esta obra está escrita em alto estilo, rico de todas as perfeições e sutilezas de forma, razão pela qual se tornou clássica. Mas como vocês ainda não têm a necessária cultura para compreender as belezas da forma literária, em vez de ler, vou contar a história com as minhas palavras."

Outro aspecto importante do ritual seguido por Dona Benta é a transmissão da emoção para valorizar o momento do conflito e despertar a atenção dos ouvintes, envolvendo-os no clima da narrativa. Em *Hans Staden*, o momento da tempestade e do conseqüente naufrágio é narrado com tal intensidade que Pedrinho não se contém e exclama: "–Bravos, vovó! A senhora está épica! (...) Fez uma descrição linda!...".

Na análise da arte de Dona Benta, é preciso ainda enfatizar que, sempre que solicitada, ela explica e comenta o que narra; reorganiza as seqüências narrativas e promove interrupções e cortes de modo a prender a atenção de seus ouvintes. Embora pratique uma atividade eminentemente oral, ela não desvaloriza a leitura do texto; pelo contrário, reforça-a, na medida em que sua competência como contadora de histórias vincula-se diretamente às suas qualidades de leitora.

2.

A VOZ DO DONO E O DONO DA VOZ: A PROPÓSITO DO NARRADOR

Alice Áurea Penteado Martha
Neuza Ceciliato de Carvalho

Desde a inquietação corriqueira de distinguir (ou não) o narrador do escritor de carne e osso até os vários tipos de narrador, como o liberal ou o autoritário, "Às voltas com o narrador...", de Alice Áurea Penteado Martha, examina essa importante questão e suas conseqüências para o trabalho do professor. Em seguida, Neuza Ceciliato de Carvalho, em "Dize-me o foco narrativo escolhido e eu te direi quem és", focaliza mais de perto o problema do foco narrativo, iluminado pela análise de algumas obras conhecidas, da literatura infanto-juvenil. Aproveitando esse motivo, ela mesma aborda, em "Literatura infanto-juvenil: útil, mas não utilitária", o papel que deve ter a literatura infanto-juvenil, na escola.

Às voltas com o narrador...

Quando nos contam um fato qualquer, perguntamos ou pensamos imediatamente: quem lhe disse isso? É importante conhecer o autor do relato, pois, conhecendo-o, os acontecimentos adquirem maior ou menor relevância. Do mesmo modo, quando lemos uma narrativa, devemos nos preocupar com a presença do narrador e sua função no mundo narrado.

Mas quem é essa figura e que parentesco possui com o autor de carne e osso? Como reconhecer as diferenças entre Monteiro Lobato e o narrador de suas histórias, por exemplo? Para responder a essas e inúmeras outras questões sobre o narrador e suas possibilidades de manifestação, pensadores e literatos, desde Platão e Aristóteles, se debruçaram sobre narrativas, tecendo suas teorias. O alemão Wolfang Kayser dá uma visão histórica do narrador, atrelada à evolução da narrativa de modo geral, ressaltando que essa figura nunca é o autor, mas um papel inventado por ele; o norte-americano Wayne C. Booth mostra variadas formas de narrar, sobretudo com "a voz do autor em ação" e a narrativa impessoal, enfatizando a categoria do *autor implícito*, ou a imagem que o autor cria de si próprio na obra; o francês Jean Pouillon articula sua teoria sobre a posição do narrador analisando-o segundo o grau de proximidade com os acontecimentos que narra; outro americano, Norman Friedman, sistematiza os principais pontos sobre o narrador com as questões: 1) quem conta a história?, é um narrador de 1.ª ou de 3.ª pessoa?, 2) de que posição ele narra?, 3) que canais de informação usa para chegar ao receptor?, 4) a que distância ele coloca o leitor da história?; Gerard Genette, crítico francês, atribui várias funções ao narrador, estabelecendo, com maior precisão, uma distinção entre quem fala na narrativa, *a voz*, e *quem vê*, a perspectiva.

Cada uma dessas teorias apresenta uma terminologia diferente para caracterizar o narrador. Entretanto, não vamos aqui explicitá-las em razão do nosso objetivo mais imediato: o que o professor de ensino fundamental e médio precisa enfatizar a respeito da voz da narrativa junto a seus alunos? Em primeiro lugar, eles precisam ter consciência de que o narrador não é sinônimo de autor, uma vez que se trata de uma abstração, um ser ficcional, criador de um mundo imaginário e a ele confinado; e que o autor é uma figura um tanto diferente - um homem de ofício - que joga todo seu conhecimento de mundo na elaboração de uma obra, podendo, muitas vezes, surgir por detrás do narrador. No mundo narrado, portanto, a palavra é do narrador e, por essa razão, não se deve indagar "O que o autor narra neste texto?", sob pena de se confundirem as instâncias: na narração, o sujeito é o narrador, e não o autor. O narrador, entretanto, pode ceder a voz às personagens.

Outra questão importante é saber que o narrador apresenta os fatos a partir de um ponto de vista, que pode ser o seu, o de uma personagem, ou ainda o de uma outra testemunha, que não participa diretamente dos acontecimentos. Esse recurso, que revela o ângulo de visão utilizado no relato, recebe o nome de *focalização* e pode variar no transcorrer da narrativa, emergindo tanto do interior como do exterior da história.

Pensando na literatura infanto-juvenil e seu destinatário, Regina Zilberman, sob a perspectiva de Mikail Bakhtin, que aponta semelhanças entre a polifonia lingüística e o romance, observa que o narrador, como produtor do discurso e mediador entre o leitor e o mundo que cria, pode ser considerado *liberal* ou *autoritário*. No primeiro caso, embora possa predominar a voz do adulto no texto, o narrador não impõe seus pontos de vista, procurando o equilíbrio entre o universo adulto e o infantil; já o narrador *autoritário*, ou judicativo, preocupado em persuadir, não permite modulações de voz e de visões em sua narrativa, manipulando as emoções do leitor. Zilberman detecta a presença do narrador liberal em livros como *Peter Pan*, de Monteiro Lobato, *O Mágico de Oz*, de L. Frank Baum, e *Corda bamba*, de Lygia Bojunga Nunes; em *A ilha perdida*, de Maria José Dupré, e *As aventuras do avião vermelho*, de Érico Veríssimo, o predomínio é do narrador autoritário.

Como exemplo de narrador liberal, podemos citar *O domador de monstros*, de Ana Maria Machado (Rio de Janeiro, Salamandra: 1979), uma vez que, mesmo de fora do mundo narrado, promove uma completa interação com a personagem, na medida em que se vale tanto da *voz* como da *visão* de Sérgio para empreender seu relato. Ao focalizar o menino, no início da narrativa, o narrador o vê com medo das manchas que as sombras das árvores formam na parede, configurando a visão adulta do medo infantil; depois, passa a narrar sob a ótica da criança, que vê monstros e não manchas, cedendo também a voz ao menino que, por meio de discurso direto, procura espantar seus temores:

> Sérgio ficou com medo. Para espantar o medo, o jeito era conversar com o monstro:
>
> –Você pensa que me mete medo, é? Só porque é feioso? Se ficar me olhando assim, eu chamo um monstro mais feio para te assustar. (p.2)

No decorrer da narrativa, o menino concretiza a ameaça, criando seu próprio monstro, e, ao final, o narrador, valendo-se da focalização de Sérgio, narra como a imaginação pode resolver seus problemas:

> E Sérgio ria tanto que nem conseguiu falar direito. Aí o monstro da parede se assustou com todas as palhaçadas e foi embora (p. 22).

Dize-me o foco narrativo escolhido e eu te direi quem és

O que define o pedagógico na literatura infanto-juvenil?

Uma resposta freqüente tem sido: a opção do autor por um narrador onisciente, em terceira pessoa, que tudo vê, tudo sabe e comanda a narrativa de cima, não deixando que as personagens se expressem. Isso é uma verdade, mas não a única, pois mesmo a escolha de um narrador em primeira pessoa e a permissão para as personagens se expressarem em discurso direto pode resultar em pedagogia.

Mais importante do que a escolha do tipo de narrador é a opção pelo foco narrativo e pela abertura ou fechamento da voz narrativa para a adequação da visão das personagens. Mesmo em uma obra em que o narrador é uma criança ou um jovem, ou a personagem fala por sua própria voz, pode haver pedagogia se o autor - enquanto criador da narrativa - transferir para a fala deles uma posição adulta frente à realidade, incutindo-lhe uma visão moralizante.

É o caso do livro *Uma Leve esperança*, de Lannoy Dorin, em que o narrador-personagem, adolescente, relembra suas experiências sexuais, falando como um adulto ou professor: "...vi Rita várias vezes de longe e pude perceber que ela foi importante na minha vida só naquelas férias. A sem-vergonha tinha razão: foi bom enquanto durou. E se a gente se cruzar um dia, vou agradecer-lhe muito pelas aulas sobre **relações heterossexuais** [*grifado no original*] (vi essa palavra no livro de psicologia que Mirian deixou aqui)".

Ou ainda do livro *Sem olhar para trás*, do mesmo autor, em que uma personagem feminina, também adolescente, diz:

> - Sabe, gente - continuou Paula - cheguei até a pensar em pedir à minha mãe para mandar o Rôni [seu professor de piano] passear. Depois fiquei em dúvida. Puxa, não havia motivo para isso. Só porque ele é bicha? Peguei umas revistas de minha mãe e procurei tudo quanto é artigo sobre homossexualismo. Li e concluí que estava cheia de preconceitos. O problema não estava nele, mas em mim.

Esses exemplos parecem evidenciar que o pedagógico na literatura infanto-juvenil se define mais pela posição do autor frente à infância e juventude, que aparece no ponto de vista adotado para narrar a história, do que pela escolha técnica quanto ao tipo de narrador a utilizar - em primeira ou terceira pessoa.

A visão de mundo do autor sedimenta o foco narrativo adotado, definindo o *pedagógico* ou o *emancipatório*, e resultando em sintonia ou falta de sintonia do adulto com a criança para conhecer o funcionamento da mente infantil. O emancipatório se instaura freqüentemente quando o autor constrói um narrador adulto ou infantil que mostra a criança ou o jovem como um ser em formação e que ainda não possui uma moralidade plena estabelecida; e o pedagógico, quando a criança ou o jovem é mostrado como um adulto, com visão crítica da realidade que vai além de sua capacidade de julgamento moral, como no caso das obras de Dorin.

Se Lígia Bojunga Nunes, Marina Colassanti, Ruth Rocha, dentre outros, sabem como ninguém entrar em sintonia com a mente infantil e tecnicamente criar suas personagens de forma humana e reveladora dos conflitos interiores, familiares e sociais, autores como Ganymedes José, Lannoy Dorin e uma imensa quantidade de outros escritores que integram o acervo da literatura pedagógica mantêm um distanciamento professoral entre o adulto e a criança, criando personagens e narradores infantis e juvenis como adultos moralistas. Mesmo cedendo a voz para as personagens infantis e juvenis e utilizando o narrador em primeira pessoa, criança ou jovem, as obras desses escritores transmitem em primeiro plano um ensinamento moral adulto, o que as fazem pedagógicas.

A maneira de contar uma história, diz Lígia Chiappini M. Leite, em O *foco narrativo* (SP:Ática, 1985), depende dos "valores a transmitir e dos efeitos que se busca desencadear", estando por trás do narrador um autor implícito que comanda a narrativa. Em vista disso, torna-se importante, no trabalho com uma obra infantil ou juvenil em sala de aula, observar não só quem conta a história e o ponto de vista adotado, mas também o modo como a história é contada e a adequação das falas das personagens.

A escolha do tipo de narrador representa, portanto, uma responsabilidade grande na definição do emancipatório e do utilitário, mas não é o único elemento narrativo a determinar a liberdade ou a pedagogia das histórias infantil e juvenil. Tanto o narrador em primeira como o narrador em terceira pessoa podem entrar em sintonia com o leitor se o autor não tiver como objetivo primeiro o ensinamento, mas sim a criação literária de uma história. Isso implica abertura ou não da visão de mundo e da concepção de infância que se materializa pelo foco narrativo adotado.

Literatura infanto-juvenil: útil, mas não utilitária

1. Conceituação

Se a definição de *utilitário* presente no dicionário *Aurélio* é de fácil compreensão por não oferecer complexidade e sumariamente fechar a questão, dizendo que *utilitário* é tudo aquilo *que tem utilidade particular ou geral, como fim principal de seus atos*, no âmbito da literatura, chegar a um conceito de utilitário não é assim tão simples, visto que o conceito requer considerações de ordem histórica, estética, educacional e, conseqüentemente, ideológica.

"Dulce" e "utile" são expressões latinas que remetem às teorias de Horácio e Aristóteles, até hoje utilizadas pelos teóricos da literatura, constituindo-se em dois princípios fundamentais da arte literária. A literatura seria, então, ao mesmo tempo, doce e útil, prazer e conhecimento, diversão e saber, princípios que se complementam e se harmonizam quando se trata de uma obra de arte. O que a crítica literária, hoje, parece não aceitar é que a literatura seja considerada, prioritariamente, pelo princípio da utilidade, o que desequilibraria a sua constituição artística, resultando em perda da gratuidade e de seu caráter desinteressado.

Privilegiar o "útil" em detrimento do "doce" significa transformar o útil em utilitário, em um discurso pragmático, mesmo que ele se apresente esteticamente bem elaborado. Vista por esse ângulo, a literatura é utilitária quando tem por *finalidade principal* estar a serviço de uma causa, de uma premissa, de uma intenção prática, distanciando-se da natureza desinteressada da arte. E isso pode ser percebido não apenas pela temática, mas, principalmente, pela forma como o autor se apropria da língua e a transforma em linguagem literária esteticamente trabalhada.

A linguagem literária pode revelar, deste modo, o caráter utilitário ou não-utilitário de uma obra literária, que, por sua vez, revela a intenção do autor e sua visão de mundo. E esta visão de mundo é sempre fruto de uma tomada de posição ideológica, mesmo que inconsciente, diante da vida e da sociedade. No caso da literatura utilitária, em especial a literatura infantil de tendência utilitária, essa posição será a integração do escritor aos valores e à ideologia de seu momento histórico, tendo as obras literárias uma função prática de transmissão dos valores instituídos.

Se na literatura para o público adulto essa constatação do utilitário não constitui uma dominante, na literatura para a infância e a juventude, no passado, mais que no presente, o utilitarismo é uma característica recorrente no gênero. O princípio utilitarista só deixa de ser unanimidade nas produções infanto-juvenis do século passado, a partir de uma nova concepção de infância, em que se postulou, mais do que a obediência, a emancipação do sujeito infantil e juvenil. Essa mudança deveu-se não apenas à vontade dos escritores, mas também a um conjunto de conhecimentos nos campos da Psicologia Infantil e da Pedagogia, ciências que vêm responder por um maior conhecimento da constituição emocional e cognitiva da infância e da juventude.

Mas apesar da descida no tom pedagógico ocorrida no século XX, muitas obras infantis e juvenis de tendência utilitária estão sendo criadas ainda hoje, o que indica que a literatura educativa não desaparecerá tão cedo, mantendo assim a tradição pedagógica do gênero, mesmo que sob uma ótica diferente daquela utilizada no momento de sua formação.

2. Literatura infanto-juvenil contemporânea: do útil ao utilitário

Se observarmos a produção literária infanto-juvenil brasileira das últimas décadas, vamos constatar que muitas obras são úteis para a formação da personalidade da criança e do jovem, contribuindo para a ampliação de seus horizontes cognitivos e ao mesmo tempo oferecendo saídas para suas ansiedades existenciais. Outras obras situam-se mais próximas do utilitário, ao privilegiarem o pedagógico em detrimento do estético, e criarem histórias que impõem verdades e modelos de comportamento a seguir.

Comecemos com autores que sabem mesclar harmoniosamente o útil e o doce e, gradativamente, passaremos a obras que, a despeito da crítica social, criam histórias pseudo-ficcionais de caráter utilitário.

Nos contos fantásticos de Marina Colasanti, nas histórias bem humoradas de Sylvia Orthof, nas narrativas psicológicas de Lygia Bojunga Nunes, encontramos situações vividas pelas personagens infanto-juvenis, em que a mensagem está implícita, dizendo ao leitor que é preciso lutar contra a opressão e as adversidades da vida e do mundo. As autoras parecem ter encontrado um modo apropriado de se comunicar com o seus leitores, aproximando-se deles e respeitando a sua constituição cognitiva e emocional. Os conflitos das personagens são verossímeis e, transpostos para o plano ficcional, resultam em situações imaginárias, possibilitando ao leitor, pela identificação, vivenciar os seus próprios problemas e, como as personagens, encontrar uma saída para eles. São obras úteis mas não utilitárias, pois permitem várias leituras, apresentam equilíbrio entre a realidade e a fantasia e emancipam os leitores.

Nos contos de fadas renovados de Fernanda Lopes de Almeida, Ana Maria Machado, Ruth Rocha, o mundo real e o mundo ficcional se mesclam de modo criativo e crítico, estando latente a denúncia da realidade social brasileira. São obras que solicitam dos leitores uma tomada de posição frente às normas instituídas, instigando-os a abandonar o sossego da vida familiar e a acomodação nos valores vigentes e a partir para a inauguração de um mundo melhor e mais justo. São obras úteis sem ainda serem utilitárias, pois não fecham a questão, instituindo verdades. Ao contrário, trabalham criativamente com a linguagem, parodiam com humor e ironia o modelo dos contos de fadas tradicionais, e com isso possibilitam vários níveis de leitura para leitores de diferentes idades.

Nas narrativas realistas de Odette de Barros Mott, Henry Correia de Araújo, Carlos de Marigny, Ary Quintella e Wander Pirolli, a crítica ao modelo político-econômico da sociedade brasileira se constrói de forma direta e explícita, muitas vezes pelas falas adultas de personagens infantis, o que faz com que muitas dessas histórias se tornem inverossímeis. São obras que perdem em ficção e ganham em denúncia documental da realidade pobre de nosso país. São úteis por revelarem aos leitores o estado de miséria e injustiça social, porém tornam-se utilitárias por não permitirem que a história ultrapasse o limite da realidade, tornando-se "verdades", exigindo uma única leitura dos fatos.

Nas histórias juvenis de Júlio Emílio Braz, Lannoy Dorin, Luiz Puntel, Luiz Galdino, Alcides R. J. da Silva, Manoel Cardoso, Ganymédes José e uma infinidade de outros autores que escrevem sob o signo do "realismo verista" de linha comportamental, o objetivo é alertar os adolescentes para os perigos dessa fase da vida, como a gravidez juvenil, a contração do vírus da AIDS, o vício nas drogas e no alcoolismo; ou falar sobre as conseqüências da separação dos pais, o fim do namoro, a morte de amigos e parentes próximos, os conflitos com os pais; ou ainda mostrar os problemas sociais como a migração do campo para a cidade, a vida difícil das populações faveladas e dos menores abandonados.

São obras que, a despeito de uma postura crítica em relação à realidade, inculcam no leitor, por meio de um discurso compacto, afirmativo e de uma visão adulta (presentes também nas falas das personagens juvenis), um modelo de conduta a seguir. A fantasia é praticamente nula, havendo, na maior parte das histórias, um forte apelo ao bom comportamento das personagens. As personagens são exemplares; as narrativas, utilitárias; e a leitura, única.

3. Alguns exemplos

- Confissão de uma adolescente que se redime diante da professora e das amigas:

> – Eu vivo mentindo pra todo mundo. Minto que meu pai tem caminhão de transportes, que moro numa casa de tijolos e que sou filha única, mas não é verdade! Meu pai não trabalha, é doente, minha mãe é uma coitada empencada de filhos e na minha cama durmo com mais duas crianças. Eu sou pobre, pobre, mas tinha vergonha de dizer que era pobre. Por isso eu roubava.... (*Por uma semente de paz*, Ganymédes José, 1985)

- Diálogo entre irmãos sobre as mudanças que pretendem fazer na cidade:

> (...) – A gente vai mostrar ao povo o que fazer de bom. A fábrica volta a funcionar e terá muito emprego para muita gen-

te. Os meninos que vivem pela rua, sem trabalho e sem ter escola, virando trombadinha, vão ter onde viver. (...) A gente vai ajudar este país a ir bem pra frente... aconteça o que acontecer. (Manoel Cardoso, *Dois garotos da pesada*, 1986)

- Pensamento da personagem juvenil decidida a lutar contra a marginalização dos vendedores ambulantes:

– Isto não pode continuar assim! TEM QUE MUDAR!

Os olhares voltaram para Juraci, concordando. O que fazer, não sabia ainda. Ele e seus companheiros tinham direito ao trabalho e à vida. E os damiões, maguilas e juracis tinham direito à educação. Livros, coleguismo, teatro e esporte para todos. Não era proibido sonhar com o amor de Claudilene, nem jogar no Coringão. Havia esperança: BRASIL do povo CAMPEÃO!!! (Alcides R. J. da Silva, *Expulsos de campo*, 1988)

- Fala do narrador-personagem (um jovem aidético) após a morte de um amigo, em razão do vírus da AIDS:

– A melhor terapia para um aidético, enquanto não pinta a cura de nossa doença, é o não-conformismo, é o trabalho, é o viver a vida – filosofou logo depois do enterro de Flô.

– O duro mesmo, principalmente para mim, é não ter uma namorada! (...)

O importante é não parar. O importante é não descuidar. O importante é ter com quem conversar. Amigos e parentes dispostos a ajudar. Nenhum AZT do mundo tem eficácia maior do que a boa e velha solidariedade. (Júlio Emílio Braz, *Enquanto houver vida viverei*, 1992)

3.

UM PAÍS SE FAZ DE HOMENS, LIVROS E BIBLIOTECAS

Carlos Erivany Fantinati
João Luís C. T. Ceccantini

Em "Do tijolo ao disquete", Carlos Erivany Fantinati faz um histórico da palavra e da instituição, desde seu surgimento, na Babilônia. Centro da vida escolar – eis o lugar que deveria ocupar a biblioteca, na escola. Esse e outros pontos, ideais para uma biblioteca nota 10, são discutidos em "Por uma biblioteca escolar", do mesmo Carlos Erivany Fantinati, artigo que expõe as transformações do conceito e as experiências positivas, realizadas a partir de meados de 1960, que resgataram a verdadeira importância da biblioteca. No último artigo, "Escondidos no sótão, abandonados no porão", João Luís C. T. Ceccantini examina o estado das bibliotecas escolares, no Brasil, discutindo suas características e dificuldades, que passam inclusive pela própria formação do bibliotecário.

Do tijolo ao disquete

Biblioteca é uma palavra grega que significa caixa, armário, casa onde se depositam e guardam livros. Pode significar também os próprios livros. A esse sentido literal acrescentam-se novas acepções, resultantes das modificações sofridas pelo objeto. Próxima desse primeiro sentido é a acepção seguinte: sala, casa ou edifício público ou particular onde se instalam grandes coleções de livros, arrumados, ordenados e devidamente catalogados, destinados à leitura de freqüentadores ou sócios. Posteriormente, com a ampliação de seu objeto, passou a ser entendida como repositório de documentos escritos, devidamente classificados e postos em ordem, para serem lidos e consultados. Mais recentemente, já compreendida como medioteca definiu-se como coleção de material impresso ou não, ordenadamente disposto para estudo, pesquisa e consulta, contendo em seu acervo, cada vez mais informatizado, ao lado dos tradicionais livros , periódicos e documentos escritos, materiais como, fitas, dispositivos, microfilmes, microfichas, mapas, desenhos vídeos, disquetes etc.

Várias são as finalidades de uma biblioteca, conforme se vê, e nas acepções do termo. Essas finalidades podem ser resumidas naquela de servir ao público que a procura para conhecimento e informação. Para satisfazer esse objetivo, é preciso que se prepare o acervo segundo as técnicas de conservação, catalogação e organização dos fichários, desenvolvidas pela Biblioteconomia, técnicas que permitem um atendimento rápido e seguro aos usuários. Por outro lado, para bem utilizar uma biblioteca, o consulente necessita ter familiaridade com alguns procedimentos, tais como o uso de fichário e do catálogo, complementado pela competência nas técnicas do resumo, da referência e da citação de excertos e de obras.

A biblioteca apareceu muito antes do surgimento do livro. Seus antecedentes mais remotos estão na Babilônia, com seus tabletes de argila ou coleção de tijolos gravados com caracteres cuneiformes, materiais que, no Egito, foram substituídos pelo papiro com função de arquivo e documento da escrita. Embora as mais importantes bibliotecas gregas fossem particulares, como a do famoso filósofo Aristóteles (384 a.C.- 322 a.C), fundou-se ali em 571 a.C. a primeira biblioteca pública. Já a primeira biblioteca pública latina surgiu em Roma somente em 39 d.C.. No século IV, Roma possuía 29 bibliotecas públicas, sendo as mais conhecidas a Ulpiana e a Palestina. Na idade Média, o privilégio das principais bibliotecas coube aos mosteiros e conventos, onde se confeccionavam e guardavam os códices, livros escritos em folhas de pergaminhos ou papel parecidos com o livro atual.

A partir do século XVI, a biblioteca passa por grandes transformações, graças, entre outros fatores, à invenção por Johann Gesfleisch Gutemberg (1400-1468) do processo de composição com tipos (letras) móveis de metal. A reutilização dos caracteres e a rapidez da montagem dos textos revolucionaram os processos de composição, superando o artesanato monacal, na esfera da produção e facultando faixas mais largas de difusão e consumo do livro. De organismo antes reservado a uns poucos escolhidos, em geral religiosos, a biblioteca, a partir daí, laicizou-se, expandiu e diferenciou seus acervos, aprimorou suas técnicas de conservação e de oferta de materiais impressos ou não, pondo-se cada vez mais a serviço de contingentes mais amplos de usuários, sobretudo em nosso dias , quando se colocou sob o signo da Informática.

A história da biblioteca pública no Brasil só começou no final do repressivo período colonial, estando até então as bibliotecas existentes em mãos de particulares ou situadas nos conventos. A primeira biblioteca oficial criada aqui foi a atual Biblioteca Nacional Pública do Rio de Janeiro, nascida da Real Biblioteca do Rio de Janeiro, em 1810. A ela seguiu-se em 1811 a biblioteca pública instalada na Bahia pelo Conde dos Arcos. A partir da Independência, em 1822, houve um entusiasmo por criação de novas instituições, com a instalação das Bibliotecas da Faculdade de Direito de São Paulo (1827) e da Faculdade de Direito de Pernambuco (1830), da Biblioteca Pública do Estado do Maranhão (1829) e do real Gabinete Português de leitura (1837). Todas elas cresceram de maneira significativa desde então. Em importância, a primeira biblioteca do Brasil é a Nacional do Rio de Janeiro, acompanhada, em segundo lugar, pela Biblioteca Municipal de São Paulo.

A biblioteca sofreu radicais transformações desde os tijolos mesopotâmicos até os disquetes atuais. Tais transformações não somente atingiram o objeto e o suporte das letras, mas também afetaram a palavra *biblioteca*, dando origem, ao longo do tempo, a um conjunto de expressões que convém aqui recordar. Usando-se, por exemplo, as expressões "biblioteca viva" para referir-se a um "homem muito erudito", "rato de biblioteca", para indicar "indivíduo que passa maior parte do tempo consultando livros", e "biblioteca de Baco", como sinônimo de "adega", por analogia entre livros e garrafas de vinho.

Por uma biblioteca escolar

A revista pedagógica alemã *Praxis Deutsch*, dirigida aos professores de língua materna, dedicou seu número 92, de novembro de 1988, ao tema "Escola e biblioteca". Gerhard Haas, responsável pela edição, escreveu o artigo principal denominado "A biblioteca escolar: concepções, realidade e possibilidade", em que faz uma dura crítica à carência de bibliotecas escolares na Alemanha, considerando-a sob este aspecto como um "país subdesenvolvido" ao mesmo tempo que enaltece os projetos de biblioteca escolar desenvolvidos nos países escandinavos e em muitas escolas inglesas, americanas e russas. Pretende-se aqui dar a conhecer algumas idéias do artigo, em especial a contraposição entre biblioteca pública e biblioteca escolar, tal como se desenvolveu com êxito nos países mencionados. As raízes desse contraste estão no quadro de pressupostos teóricos e pedagógicos que agitaram o ensino nos Estados Unidos e na Europa a partir de meados de 1960 e que, no Brasil, deram os fundamentos para a imposta Lei 5692, de 1971. Confia-se que diferenças entre lá e cá serão percebidas pelo leitor...

Tradicionalmente parece não haver distinção entre biblioteca pública e biblioteca escolar, pois ambas tinham como principal destinação satisfazer as necessidades de leitura e de formação do consulente ou do aluno durante o seu tempo de lazer. A concepção que as orientava talvez esteja expressa de forma emblemática em dois artigos da *Carta do livro*, publicada pela UNESCO em 1972 – *Ano do livro* – que dizem o seguinte: "Todo ser humano tem direito à leitura. A sociedade deve cuidar para que todo ser humano tenha a possibilidade de fruir o prazer que a leitura proporciona (....) Não só na cidade, mas também no campo, onde há falta de oferta de livros, toda escola ou comunidade deve possuir uma biblioteca , com pessoal qualificado e com verba suficiente para sua manutenção". Aqui não se observa nenhuma diferença entre os dois tipos de biblioteca nem quanto à sua localização, indistintamente situada na escola ou na comunidade, denotando falta de especialização das instituições e ausência de vínculos entre biblioteca escolar e processo de ensino e aprendizagem.

A partir de meados dos anos 60, surgem, informadas pelas teorias de aprendizagem norte-americanas, discussões sobre o currículo escolar, propostas didáticas inovadoras, orientadas pela fixação de objetivos para as disciplinas; matérias, áreas de ensino, e concepções novas sobre o livro didático. Todos esses acontecimentos procuram também definir o lugar e a função da biblioteca escolar, fazendo-o no geral, pela sua contraposição à biblioteca pública.

Situada fora da escola, a biblioteca pública deveria continuar como sempre, com seu acervo amplo e diferenciado, a atender o usuário, adulto ou não, segundo os interesses e motivos pessoais que o levavam até ela. Já a biblioteca escolar, localizada necessariamente no espaço da escola, deveria ter os livros do seu acervo organizados conforme os objetivos fixados para o ensino e aprendizagem no planejamento didático geral, passando, assim, a obedecer a uma perspectiva pedagógica, estabelecida pelo estreito trabalho conjunto entre a direção da escola, os professores das disciplinas e os bibliotecários.

Em lugar de ficar aguardando que o consulente a procurasse de moto próprio para utilizar livremente seu acervo como fonte de informação e conhecimento, a biblioteca escolar de nova feição propunha-se ultrapassar o limiar da sala de aula, ao ser incluída pelos professores nas atividades cotidianas ali realizadas. O objetivo visado era o de levar o aluno a fazer automaticamente uso da coleção de livros lá existentes, estimulando-os para que chegasse a realizar trabalhos de forma autônoma. O outro lado desse processo de emancipação intelectual do jovem era a busca de fazer com que os alunos trouxessem os livros da biblioteca para o espaço da sala de aula.

Segundo os pressupostos que embasavam essa concepção de integração entre a biblioteca escolar e sala de aula, objetivando ao trabalho autônomo do aluno, a biblioteca escolar tinha que ser, além de um centro de informação e conhecimento, um campo de aprendizagem, um centro de material impresso e um ambiente para a leitura. Sua evolução, enquanto meio de comunicação, é no sentido de configurar-se cada vez mais como uma medioteca, que oferece ao aluno informações, experiências em distintas formas de pensar e viver, aprendizagem livre e autônoma, orientada pelo fazer e pela educação continuada ao longo da vida. No plano estritamente escolar, essa biblioteca de novo tipo promove intensamente como sempre a leitura; complementa as aulas com propostas de leitura diferençadas para os distintos tipos de alunos; é um espaço de convivência, possibilitando ao aluno um aprendizado afetivo por meio da fruição de distintos veículos, como quadros, filmes, música e jogos; constitui-se num local de encontro para a freqüência a exposições, leitura de poemas e peças de teatro, tornando-se, em síntese, o centro sociocultural da vida escolar, e, finalmente, é um local livre, cuja configuração espacial e os cuidados pedagógicos libertam os alunos do estresse dos esforços e das angústias escolares.

A figura chave para a concretização de semelhante projeto é o bibliotecário escolar, formado especialmente para tal fim, que deve não só possuir uma sólida formação em biblioteconomia nas áreas de aquisição, catalogação e administração do material constitutivo do acervo, mas também ser principalmente um animador e um orientador cultural. No desempenho do papel de animador cultural, o bibliotecário tem de ser capaz de oferecer múltiplas propostas para o uso da biblioteca escolar na sala de aula. No desempenho da função de orientador cultural, precisa tanto saber indicar ao professor das diferentes disciplinas materiais, como livros, artigos, cassetes, vídeos, para o planejamento das aulas, quanto orientar os alunos nas atividades desenvolvidas na biblioteca, informando-os sobre as novas aquisições e sobre o catálogo, e estabelecendo as ligações necessárias desses alunos com outras bibliotecas ou instituições. Requer-se, assim, desse profissional, que conjuntamente com sua formação em biblioteconomia, tenha também uma formação didático-pedagógica dirigida para ajudar a cobrir o leque das tarefas desta área.

Das experiências realizadas a partir de meados de 1960 sobre o lugar e as funções da biblioteca escolar no processo de ensino e aprendizagem, resultou, eliminados os equívocos e exageros, uma série de pontos positivos que parecem hoje já definitivamente incorporados aos projetos educacionais e que estão resumidos na página seguinte.

10 pontos para uma biblioteca escolar nota 10

1. a biblioteca deve estar situada no centro da vida escolar;
2. deve ser um centro de informação, de leitura e de trabalho para professores e alunos;
3. sua direção deve ficar a cargo de bibliotecários escolares competentes;
4. deve possuir uma ampla oferta de mídia, cuja utilização tem que estar em consonância com os objetivos do ensino;
5. deve permanecer aberta o dia todo para estudos individuais e de grupos;
6. sua utilidade só será plena se as informações das mídias e da biblioteca estiverem integradas aos planos de ensino;
7. suas propostas de trabalho devem ser planejadas e complementadas em colaboração com as seções de atividades escolares existentes nas bibliotecas públicas;
8. a biblioteca escolar inicia os jovens no trabalho autônomo, auxiliando, com isso, o processo de democratização do ensino;
9. as tarefas atribuídas a uma biblioteca escolar só poderão ser efetivamente realizadas se as pessoas interessadas pela escola e nela participantes trabalharem conjuntamente;
10. a biblioteca deve ser um pólo dinâmico de informação e difusão cultural.

Escondidos no sótão, abandonados no porão

No Brasil, quando se toca na questão da *formação do leitor*, um aspecto que certamente não é abordado com atenção suficiente diz respeito ao papel crucial exercido pela BIBLIOTECA nesse processo. Atestam facilmente a ainda pequena consciência em relação ao problema da falta de políticas institucionais de peso que promovam uma expansão maciça de bibliotecas pelo país (escolares ou não), a situação calamitosa da maior parte das bibliotecas existentes, o quase inexistente investimento em formação de recursos humanos especializados (bibliotecários e animadores culturais) e a bibliografia bastante escassa sobre o assunto.

No caso da biblioteca escolar, a situação é especialmente dramática, se considerarmos que há um número significativo de escolas que não possuem uma biblioteca com as mínimas condições de funcionamento, ou seja, espaço físico adequado, um bom acervo e um profissional preparado. A gravidade da questão torna-se evidente, quando são focalizadas, por exemplo, duas situações-limite, que ocorrem com maior freqüência do que se pode esperar em nossas escolas públicas: num dos extremos, o caso em que deparamos com livros (geralmente doados pelo governo) acondicionados precariamente em caixas de papelão, em franco processo de deterioração, embolorados, abandonados em algum porão da escola, que, por sua vez, não possui biblioteca ou, se a possui, a mantém em condições precárias; no outro extremo, deparamos com livros (sempre os livros doados pelo governo) trancafiados a sete chaves em alguma sala de diretor, secretaria ou na própria biblioteca, praticamente intactos, muitas vezes mesmo nas embalagens originais das editoras, escondidos num armário sob pretexto de não se estragarem.

Por caricaturais que possam parecer, ambas as situações poderiam ter sido pinçadas – infelizmente – do cotidiano de inúmeras de nossas escolas e servem como baliza das contradições que marcam a postura da cultura do país em relação ao livro. Numa sociedade como a brasileira, cuja parcela majoritária da população passou de um estágio de oralidade para a era das imagens, sem a significativa meditação de um estágio letrado, como ocorreu em diversos países do primeiro mundo, é no mínimo incongruente o tratamento dispensado ao livro. Por um lado, ele é visto como a panacéia milagrosa para todos os males, é mitificado, sacralizado ao ponto de se barrar o acesso material à leitura, ainda que no nível do discurso se fique sempre no campo das melhores intenções; de outro lado, porque não integra de fato o universo de nossa cultura, o livro pode ser radicalmente banalizado, sendo desprezado ao ponto de ir parar no porão.

Em meio a esses extremos, nas bibliotecas escolares em funcionamento, verificam-se inúmeros outros problemas, que vão da qualidade do acervo à própria formação do bibliotecário. Para ilustrar apenas com um dos mais importantes, vale citar o problema da *pesquisa*. Na verdade, o que se vê freqüentemente na escola é uma simulação de pesquisa, atividade mecânica, em que o aluno se limita a copiar de alguma enciclopédia, em geral desatualizada, um verbete, para desincubir-se de uma rotineira tarefa escolar. Perde-se aí a oportunidade única de que o saber se revele ao aluno por suas facetas mais instigantes e criativas, por suas inúmeras contradições, contestando aquela verdade única, inabalável e sedimentada do professor na sala de aula. Perde-se a oportunidade de que o estudante adquira autonomia, independência e maturidade intelectual, de modo que possa mesmo superar as deficiências do sistema de ensino que terá de enfrentar sabe-se lá em que condições e por quantos anos ainda.

Para finalizar, deve-se dizer que o tópico *pesquisa*, evocado aqui, serve apenas como metonímia para que se tome consciência aguda da dimensão do problema relativo às nossa bibliotecas escolares. Se, como dizia o velho Lobato, um país se faz de homens e livros, já passa da hora de cuidar das duas questões.

4.

LEITURA E PRODUÇÃO DE TEXTOS: EM BUSCA DOS SENTIDOS

Neuza Ceciliato de Carvalho
Rony Farto Pereira
Maria Céli Beraldo Pazini

Neuza Ceciliato de Carvalho, em "Leitura e escola: problemas e perspectivas", avalia o percurso da leitura no Brasil, desde a década de 1970, mostrando uma trajetória que desemboca num conceito de leitura modernizado, numa acepção mais ampla e difusa. No artigo seguinte, "Por que os alunos de 1a a 4a série gostam de ler e os de 5a a 8a não?", a autora discute a dificuldade estampada no título de seu artigo e sugere alguns aspectos a serem repensados, quando se oferecem livros para os estudantes de Ensino Fundamental. Estabelecendo a conexão necessária entre a leitura e a produção de textos, Rony Farto Pereira, no artigo "Novos rumos para a produção de textos", enfatiza que escrever e ensinar a escrever, na escola, sempre constituiu problema sério, para alunos e professores, tanto quanto ao conteúdo a ser introduzido nos textos, como quanto à forma que esses textos precisam exibir. O autor comenta os avanços na área, especialmente no que tange às mudanças na maneira com que os professores podem ensinar os estudantes a produzirem textos. Em "Oficinas de texto: teoria e prática", Maria Céli Beraldo Pazini, partindo de considerações de ordem teórica, em que a linguagem é entendida como interação, defende a importância do trabalho com oficinas de texto.

Leitura e escola: problemas e perspectivas

Falar em leitura implica penetrar em um território controverso e amplo que abarca questões teóricas, críticas e metodológicas, bem como problemas econômicos, políticos, educacionais e ideológicos muito mais complexos do que à primeira vista se possa pensar. E a melhor forma de compreender o que ela significa, hoje, em termos pedagógicos, talvez seja partir de sua história mais recente, retrocedendo a algumas décadas atrás.

Nos anos 70, principalmente na fase de implantação efetiva do projeto político-econômico voltado para a equiparação do Brasil às nações com capitalismo avançado, o governo brasileiro impôs um modelo de ensino que defendia a formação de técnicos de nível médio, para atender à demanda pela mão-de-obra especializada de que a indústria em expansão necessitava para o seu crescimento.

O modelo educacional adotado foi o de linha behaviorista, que se pautava pela mecanização da aprendizagem e pela automação da inteligência dos alunos, criando técnicas pedagógicas baseadas no reforço de suas respostas consideradas certas e na repetição de atividades que os levassem a gravar somente o que fosse aceito como correto.

Ao lado dessa metodologia de ensino circulavam no meio universitário as teorias formalista e estruturalista, que defendiam a autonomia do texto verbal, desvinculando-o, muitas vezes, do contexto histórico e de sua natureza social e comunicativa. Isso levou a uma prática de leitura descritiva do texto, em que se privilegiaram suas especificidades lingüísticas e estruturais, permanecendo a análise no limite da forma.

A conseqüência da metodologia de ensino de linha behaviorista e da análise formalista e estruturalista foi a eliminação do sujeito real da fala e da leitura – o leitor e o seu conhecimento de mundo – o que pode ser comprovado pelas propostas mecanicistas de leitura apresentadas pelos livros didáticos de Comunicação e Expressão dos anos 70 e pelos encartes dos livros paradidáticos.

A aplicação dessas teorias ao ensino da literatura fez da leitura uma atividade instrumental, com o intuito de levar o aluno a sedimentar estruturas lingüísticas e formas de expressão, eliminando a liberdade interpretativa e a compreensão mais profunda da significação do texto literário. Nesse modelo de ensino, o aluno não era visto como sujeito de seu saber, mas somente como instrumento passivo de técnicas comportamentais de aprendizagem; o professor, por sua vez, funcionava como mero aplicador de técnicas pedagógicas.

Essa realidade educacional passa a ser modificada no final dos anos 70, e os anos 80 representam uma revisão de todos esses pressupostos metodológicos, lingüísticos e literários, com a discussão do caráter social da linguagem, da polissemia do texto, do "leitor implícito", da liberdade interpretativa do leitor e do caráter emancipatório da obra literária. É o momento de se ler e difundir Pecheux, Bakhtin, Foucault, Piaget, Vigotsky, Iser, Jauss, Paulo Freire e todos os teóricos que sustentam uma concepção mais ampla da linguagem e da literatura, que não somente a concepção formal e instrumental.

Fala-se muito na década de 80 em lugar social do leitor, atribuição de sentidos, plurissignificação, polissemia, intertextualidade, metalinguagem. Fala-se ainda em concretização da obra literária, preenchimento dos vazios do texto, interação do leitor com a história e com o autor, leitor como co-autor do texto, leitor crítico, leitor que ultrapassa o seu horizonte de expectativas, leitor emancipado etc. Passa-se do centramento no texto para o centramento no leitor.

Todas essas novas concepções das teorias lingüísticas e literárias, que vêm desde o final dos anos 70 e se incrementam nas décadas de 80 e 90, convivem com a chamada "crise da leitura", fazendo com que se movimentem diversos interesses não só teóricos e educacionais, mas também políticos e econômicos. Isso favorece o incremento da indústria editorial que investe na publicação e patrocínio de obras e eventos sobre a problemática da *leitura*. Data desse período o nascimento de associações de leitura, de congressos e seminários sobre o tema, bem como a publicação de revistas e livros voltados para a *leitura* e para o ensino de língua e literatura, principalmente da literatura infanto-juvenil. Com eles, questionam-se a função da escola, o papel da leitura e a competência do modelo de ensino adotado para a formação do leitor.

Propõe-se, então, uma metodologia de leitura não-diretiva e não-sistematizada. Defende-se um modelo de ensino que valorize a liberdade do aluno e a sua própria descoberta dos possíveis significados do texto. Fortalece-se, nesse momento, a defesa da leitura livre e da produção de texto do aluno a partir do texto lido. Fala-se da leitura do mundo e de outras linguagens que não somente a verbal.

Parece ser comum nos anos 90 não só a defesa da leitura da literatura como integradora das outras disciplinas curriculares, como também a constatação de que a heterogeneidade discente representa um forte motivo para que se considere a divergência de leituras de um mesmo texto, literário ou não, em razão das diferentes concepções de mundo que os alunos de classes sociais distintas trazem consigo. Isso tem provocado uma mudança no conceito de leitura, de literatura e de metodologia de leitura e, conseqüentemente, uma maior flexibilidade quanto ao tipo de texto e de obra literária que a escola deve utilizar em sala de aula: jornalístico, científico, de propaganda; literatura popular, de massa e erudita.

Todas essas rememorações sintéticas a respeito da leitura têm o objetivo de mostrar que o conceito de leitura está estreitamente vinculado à concepção histórica, política, econômica, educacional, enfim, ideológica de cada momento, e que, portanto, qualquer definição que venhamos a dar sobre ela precisa levar em conta o macroespaço histórico e social no qual está inserida. Se a amplitude de definições e a abertura de visões eliminam a visão mecanicista e redutora de leitura que se tinha nos anos 70, por outro lado, ela dificulta a sistematização e a prática específica de leitura em sala de aula, visto que ela demanda conhecimento teórico, crítico e histórico, por parte dos professores do ensino fundamental e médio, para elaborarem seus próprios projetos de leitura com os alunos.

Leitura, hoje, parece ter como sustentação teórica, além das já mencionadas, a concepção semiológica que considera toda forma de conhecimento humano como "linguagem". E o meio de os seres humanos entrarem em contato com esses conhecimentos só pode se dar por meio da *leitura, que se resume na interação entre sujeitos*. Por isso, para viver em sociedade, é preciso saber ler, além da linguagem verbal, a linguagem visual, auditiva, olfativa, gustativa, bem como os gestos, os sons, os sentidos, as cores, os traços, as linhas, a natureza, os comportamentos, a moda, a televisão, o cinema, o teatro, enfim, tudo o que se apresenta como vivo e significativo.

O problema que se coloca em termos pedagógicos é como desenvolver a *leitura* nessa acepção ampla se a prática do professor, especialmente o de Português, pautou-se e pauta-se ainda hoje, quase que exclusivamente, pela leitura denotativa do texto verbal?

Por que os alunos de 1ª a 4ª série gostam de ler e os de 5ª a 8ª não?

Essa pergunta é constante por parte de professores do ensino fundamental e médio em cursos de capacitação dados por nós, e confessamos que uma resposta satisfatória a essa indagação não é fácil. Cremos, no entanto, que essa questão esteja relacionada a três pontos básicos que devem ser investigados por uma pesquisa de âmbito multidisciplinar, ainda por se fazer. São eles:

1º – Qual a diferença biológica, psicológica, afetiva e social entre a criança e o jovem?
2º – Qual a diferença entre a formaçao do professor de 1ª a 4ª série e o professor de 5ª a 8ª série, qual é a sua concepção de leitura e que metodologia de leitura eles utilizam em sala de aula?
3º – Qual a diferença temática e estética entre a literatura infantil e a literatura juvenil?

Enquanto a pesquisa multidisciplinar não se concretiza, é possível fazer algumas considerações a respeito dos problemas apresentados.

Sobre a constituição biológica e emocional da *criança*, a Medicina Pediátrica e a Psicologia Infantil parecem ter chegado a um conhecimento sedimentado, definindo-a como um ser em desenvolvimento físico, emocional e social, que necessita do acompanhamento do adulto, enfatizando a necessidade de cuidados com a higiene, a alimentação e a prevenção de doenças, bem como com o seu bem-estar emocional, com a demonstração de afeto e a segurança psicológica por parte dos pais. No campo da Psicopedagogia, as teorias de Piaget, Vigotsky, Vallon, Emilia Ferreiro e outros mais, têm dado sustentação às metodologias de ensino, havendo uma grande defesa da liberdade de expressão da criança, do respeito ao seu nível de desenvolvimento moral, cognitivo e afetivo, e da adequação do material didático às diferentes faixas etárias.

Assim, a idéia de infância parece estar vinculada à proteção, carinho e amor, como também ao conhecimento científico já estabelecido, o que acaba por repercutir na prática efetiva da sala de aula no que diz respeito à leitura. Por vivenciar a fantasia, por necessitar das histórias como meio de se relacionar com o mundo real, e por conciliar o lúdico com a prática de suas ações, segundo as teorias de Bettelheim, a criança parece encontrar na leitura uma forma de prazer, de significação vital para sua existência.

Sobre o *jovem*, essas ciências são menos enfáticas, não existindo com igual amplitude uma literatura médica e psicológica que dê conta das especificidades desse ser ainda em formação emocional e física, mas que não é mais uma criança. Não há uma Medicina Juvenil e uma Psicologia Juvenil. Fala-se em "adolescência" como uma fase de mudanças físicas provocadas pelo crescimento, de transformações do temperamento e das atitudes em razão da etapa de mutação emocional, de definição da personalidade, de contraposição do jovem ao adulto. Há, inclusive, uma denominação do senso comum, pejorativa e maldosa em relação à adolescência: "aborrescência". No campo da Psicopedagogia, Piaget pouco explicita sobre a etapa da "moralidade autônoma" que é a etapa da passagem da infância para a vida adulta.

Dessa forma, o jovem não apresenta especificidades como a criança, e em função de seu corpo de adulto ou quase adulto, e por estar em outra etapa da vida escolar, mesmo pertencendo ao ensino fundamental, a leitura proposta pela escola parece querer ser outra coisa além do encontro do jovem consigo mesmo, e servir para outros fins que não somente a humanização do ser e o caminho para sua emancipação, como se propõe à criança. O jovem, salvo raras exceções, é tratado como adulto, como alguém que não tem a fantasia enquanto elemento constitutivo do seu ser. Por isso a leitura significa mais uma habilidade, um conhecimento ilustrativo do que uma necessidade de vivenciar as emoções. É assim que a leitura na escola parece justificar-se para o jovem, diferentemente do que ela significa para a criança. Basta observar as propostas metodológicas dos livros paradidáticos juvenis para se ver que a leitura tem um fim educacional em si mesmo.

A verdade é que conhecemos mais sobre a criança do que sobre o jovem, embora hoje já exista uma maior preocupação com essa faixa etária. É bem verdade, também, que a "adolescência" ou juventude, enquanto conceito e nomenclatura, é uma coisa recente e pouco delimitada pelas ciências. Haja vista as polêmicas, no Brasil, em torno do Estatuto da Criança e do Adolescente, que faz com que muitas pessoas não aceitem que um jovem de 14 ou 16 anos não responda integralmente pelos crimes cometidos, vendo-o como um adulto.

Essas premissas todas parecem estar ligadas diretamente à segunda questão, no que diz respeito ao trabalho do professor com o aluno em sala de aula. Como o professor se relaciona com a criança e como ele se relaciona com o jovem? Que tipo de trabalho ele faz com o aluno de 1ª a 4ª e com o de 5ª a 8ª, e que metodologia de leitura ele adota em sala de aula? Essas questões remetem para uma outra que é: qual foi a formação recebida pelo professor de 1ª a 4ª séries e pelo professor de 5ª a 8ª série em relação à leitura e à literatura?

De uma forma ainda desigual mas com uma certa constância, os cursos de Magistério, nas últimas décadas, têm oferecido ao professor uma teoria psicopedagógica que o libera de cobrança rígida do conteúdo de leituras, especialmente no que diz respeito à literatura infantil. Há uma defesa generalizada, hoje, de se proporcionar uma leitura-prazer, com ênfase no sentido lúdico do texto literário, de se eliminarem as avaliações em forma de provas e fichas de leitura. A metodologia do construtivismo-interacionista para a pré-escola e as quatro primeiras séries do ensino fundamental, muito em voga nos anos 90, tem defendido uma proposta de leitura vivenciada do texto e uma participação efetiva do aluno a partir de sua história de vida. Não será essa uma das causas do prazer da leitura dos alunos ainda crianças? E é preciso dizer que o professor dessas crianças é quase sempre um só e único professor, quase uma segunda mãe, uma pessoa de quem eles têm a proteção e a proximidade.

E a formação do professor de 5ª a 8ª séries, como é? Em primeiro lugar, grande parte dos nossos cursos de Letras não oferece as disciplinas de Literatura Infanto-Juvenil e quase nenhum possui uma disciplina específica de Prática de Ensino de Literatura. A metodologia de leitura da literatura utilizada por esses professores pauta-se pela aplicação da teoria literária que ele recebeu no curso de graduação: teoria da narrativa e teoria do verso. Assim, o aluno lê para analisar as personagens, o tempo, o espaço, o narrador, ou a rima, o ritmo, as figuras de linguagem do poema; ou, o que é mais comum, lê para fazer um resumo da obra. Ou, ainda, lê para fins gramaticais. Em todos os casos, a leitura tem sempre um fim pragmático: responder às perguntas objetivas do encarte dos livros paradidáticos. Enfim, "é preciso uma cobrança da *leitura* desses alunos, senão eles não lêem", dizem os professores.

A terceira hipótese levantada sobre a razão de as crianças gostarem de ler e os jovens não parece estar ligada à diferença da literatura produzida para a infância e a produzida para a juventude. Os livros infantis brasileiros, em grande parte, atingiram um nível estético muito bom, tanto no que se refere à qualidade do texto verbal, quanto à qualidade das ilustrações, e, ainda, quanto ao aspecto gráfico e ao papel utilizado.

Muitos *livros infantis* mostram-se adequados às diferentes faixas etárias das crianças quando utilizam pouco texto e linguagem simples, com frases na ordem direta, ou com versos com rimas fáceis e ritmo cadenciado, para leitores da pré-escola e primeiras séries do ensino fundamental, prevalecendo a fantasia e o sentido lúdico. As histórias e os poemas permitem que a imaginação das crianças extrapole o real ficcional e a ambientação poética, por possuírem um enfoque infantil, sem a contundência e o tratamento realista e adulto dos problemas. Ao centrarem-se no modo de sentir e ver das crianças os autores de muitos livros infantis conseguem estabelecer um diálogo afetivo com o seu leitor, sendo cúmplice da criança. Isso permite aos leitores vivenciarem ilusoriamente os problemas que os cercam.

Por outro lado, muitos *livros juvenis*, e diríamos a sua maioria se observarmos os catálogos das editoras, apresentam-se compactos e padronizados quanto ao formato, ao texto e ao conteúdo das histórias. Há pouca poesia para jovens, prevalecendo as narrativas de caráter utilitarista, repetindo as mesmas temáticas realistas como AIDS, drogas, gravidez juvenil, pobreza, preconceito racial e social, menor abandonado, separação dos pais etc. Há também muitas histórias sobre a temática do relacionamento amoroso entre jovens, mas o grande entrave dessa literatura é que ela dificilmente fala a partir do universo juvenil, da visão e das expectativas dos leitores, mantendo as histórias um narrador com posicionamento adulto e pedagógico. Nesses livros há uma dose maciça de transmissão de valores e de idealização de padrões sociais para os jovens, restando pouca ou nenhuma fantasia. O problema principal da maior parte da produção literária juvenil atual parece estar no enfoque realista, crítico e utilitarista que a indústria cultural insiste em manter vivo. São os chamados livros com temas comportamentais.

Mesmo que preliminarmente, e antes que a pesquisa interdisciplinar seja realizada, cremos que o levantamento desses três aspectos, quando interligados, pode indicar alguns caminhos para a compreensão das razões de as crianças gostarem de ler e os jovens não. Outros fatores talvez estejam inter-relacionados a essa questão, mas se tivermos um maior conhecimento das diferenças de ordem psicológica, afetiva e também sociocultural das crianças e jovens, se soubermos escolher livros realmente literários, adequados aos seus anseios, e se propusermos metodologias de leitura mais interativas aos nossos alunos, acreditamos que também os jovens sentirão prazer em ler. Tudo depende do que a criança e o jovem lêem e para que finalidade eles lêem.

Novos rumos para a produção de textos

Redigir ou compor? Descrever ou dissertar? Narrar ou argumentar? Fazer uma redação ou produzir um texto?

O dilema não é novo? Há muito que se busca achar a melhor forma de dominar esse ato importante, especialmente para a escola. No passado, alguns preferiam a palavra *composição*, quando desejavam designar um exercício ligado à imaginação e à criatividade.

Modernamente, a solução é outra. Para o Professor João Wanderley Geraldi, o aluno *faz uma redação* quando reproduz frases que não são dele, idéias já consagradas, clichês, enfim , a palavra da escola. Diferentemente, o aluno *produz um texto* quando consegue, apesar de tropeçar na ortografia, na concordância e coisas do gênero, escrever algo original, algo de seu mesmo, a expressão de sua visão do mundo.

Por sua vez, *dissertação* (ou argumentação), *narração e descrição* são modalidades de *redação, composição ou texto*. Apesar de terem características distintas, esses tipos não se excluem: um texto pode ter elementos narrativos e descritivos, por exemplo.

A questão da denominação, infelizmente, não é tudo. Para a maioria das pessoas o que faz mesmo diferença é saber, diante de uma folha de papel em branco, escrever umas poucas linhas. E então entra em cena a escola: o que ela tem feito para que os estudantes escrevam melhor?

Embora boa parte dos professores ainda o trate de um modo mais ou menos indisciplinado e assistemático, como se o exercício da redação fosse uma questão de inspiração e de dom, cada dia mais a escola tem se conscientizado de que é urgente mudar certos hábitos nesse campo.

A preocupação excessiva e mórbida com a ortografia e a acentuação, com preciosidades de regência e flexão verbal, tem cedido lugar ao ensino de mecanismos de coesão e de coerência textuais, pois um texto pode ter um "português correto", mas nada dizer aos seus leitores, ou vir sob a forma bonita de frases "certinhas", mas veicular idéias incoerentes, inconsistentes, girando em círculos, repisando velhos conceitos e opiniões, sem progressão, enfim, sem novidade e sem vida.

Assim, vêm sendo propostas atividades de redação que minimizam o exagerado rigor formal dos antigos e privilegiam a construção do texto enquanto unidade dinâmica de comunicação. Reconhecem o papel decisivo das condições de produção e procuram criar um ambiente propício para que o ato de escrever seja menos artificial.

Os estudos sociolingüísticos têm trazido também uma grande contribuição para essas mudanças. Hoje os professores já conseguem distinguir problemas reais de redação das marcas típicas da modalidade oral, freqüentes na escrita dos estudantes, além de especificidades das variantes lingüísticas que trazem para a sala de aula.

Isso não significa considerar como equivalentes igualmente aceitáveis, em todas as situações, todas as formas expressivas dos alunos; ao contrário, cotejar variações de vocabulário, diferenças de flexão de verbos e de concordância, próprias de seus "dialetos", com a linguagem padrão, oficial, é respeitar o modo como se expressam em sua casa, em sua vila, em sua comunidade, mas ao mesmo tempo levá-los a aprender uma nova variedade, a qual, representa ascensão na escala social.

A avaliação dos textos acaba sendo menos injusta, porque não se prende apenas a aspectos formais, mas, sobretudo, centra-se na coerência das idéias, nos modos de organizar e relacionar o pensamento em blocos interligados (os parágrafos) e enfatiza as características do texto como uma unidade, que faz sentido em uma situação real de comunicação e no qual existe um sujeito que tem algo a dizer aos seus interlocutores.

Por outro lado, há uma crescente preocupação dos professores com a "instrumentalização" para escrever. Ou seja: não se dá mais aos estudantes um tema vago, do tipo conhecido "Minhas férias" ou "A felicidade", esperando que escrevam alguma coisa razoável. A experiências tem mostrado que é necessário oferecer-lhes um momento prévio de troca de idéias, de debate, de formação de uma opinião sobre o que vão escrever. Aos poucos, eles vão ampliando seu conhecimento sobre o assunto, sobre os seus ângulos, com novos argumentos e distintos pontos de vista.

A leitura ganha, nesse sentido, um lugar especial, seja de textos literários, seja de jornais e revistas. Além disso, permite que se exercite a interdisciplinaridade, bastante valorizada atualmente. Através do contato de textos de diferentes áreas ou disciplinas, o estudante pode lançar mão de aspectos da História, da Biologia, da Geografia, de forma coerente e correta, redigindo um texto mais interessante e mais vivo.

Oficinas de texto: teoria e prática

O trabalho com oficinas de texto na escola é a materialização, na pedagogia das línguas, de concepções teóricas de linguagem e de aprendizagem que tiveram significativas mudanças nos últimos tempos. Trabalhar com oficinas de leitura e de produção de textos é, pois, colocar em prática todo um referencial teórico que se sintetiza na concepção dialógica e interacionista de linguagem apoiada em Bakhtin e na concepção construtivista, sobretudo no socioconstrutivismo de Vygostky.

Segundo o dicionário, "oficina"é "o lugar onde se trabalha ou se exerce algum ofício". O nome "Oficina de textos" já implica, portanto, a idéia de linguagem como trabalho, o entendimento da leitura e da produção de textos como atividade, como processo, um fazer e refazer o texto e um contínuo refazer-se do produtor, elaborando seu conhecimento do mundo, da língua e de si mesmo.

O trabalho com oficinas só poderá ser bem conduzido se ele for fruto, por parte do professor, de uma reflexão teórica, uma vez que nenhuma opção metodológica sustenta-se por si mesma, mas sim como reflexo de posições teóricas decididamente assumidas. A interiorização de novas concepções exige tempo e reflexão mais aprofundada para poderem gerar efetivamente novas práticas em sala de aula. É muito freqüente atestar por parte dos professores que repetem que "linguagem é interação", que é preciso trabalhar com textos", que "o texto deve ter coerência e coesão", procedimentos em classe absolutamente contrários a tais discursos.

Entender a linguagem como interação é considerá-la em funcionamento em diversas situações, sujeita a regras não só lingüísticas, mas também sociais, em que os interlocutores não são meros processadores de um código lingüístico, mas co-produtores de sentido, atentos aos efeitos do uso da língua em cada contexto situacional. É reconhecer na linguagem a força de ação entre indivíduos histórica e socialmente marcados, absolutamente interessados em cada ato de linguagem pelas conseqüências que dele podem advir.

Assumir essa concepção de linguagem na escola é postular renovações no ensino de língua que vão, desde os objetivos de tal ensino, até as práticas em sala de aula, passando pelo relacionamento dos envolvidos no processo de ensino-aprendizagem, professor-aluno. O objetivo do ensino passa a ser o desenvolvimento da competência comunicativa, isto é, das condições para que o aluno melhore cada vez mais como produtor e leitor de textos os mais diversos, nas mais variadas situações comunicativas. A sala de aula é lugar de interação, de encontro entre sujeitos; professor e aluno são interlocutores, têm voz e vez como portadores de diferentes saberes; tenta-se atenuar a assimetria dos papéis representados por professor e aluno, diminuindo a distância entre eles. As atividades de classe têm por princípio e fim o domínio do texto, sua leitura e produção, não se justificando qualquer atividade que não seja norteada por essa finalidade.

As oficinas de leitura e de produção de textos vêm ao encontro dessa nova perspectiva de ensino de língua, pois, desenvolvendo-se em forma de projetos coletivos que buscam a realização de uma atividade final concreta, como, por exemplo, uma exposição de fotos da cidade, uma excursão, uma comemoração de final do ano letivo, a apresentação de uma peça teatral, exigem a leitura e produção de textos extremamente variados decorrentes do objetivo geral do projeto. Colocam-se os alunos em situação de trabalho real com textos, envolve-se a interdisciplinaridade, criam-se relações de companheirismo, de solidariedade pela valorização do trabalho em grupo; coloca-se o professor na condição de estimulador, observador e criador de situações de aprendizagem e não na de transmissor de conhecimentos. Os textos são lidos e produzidos em função de um projeto aglutinador de atividades intelectuais, sociais e manuais, marcadas pelo prazer, pelo lúdico.

É nessa perspectiva que se desenvolve a produção de texto na escola: como um processo, em consonância com sua própria natureza, com seu funcionamento em qualquer situação fora dos muros escolares, e é em relação a esse processo que o trabalho com as oficinas mostra-se profícuo e coerente.

A bibliografia sobre o assunto tem apontado três momentos desse processo para quem produz o texto, o momento do planejamento, o momento da textualização e o da revisão, e com razão se tem alertado para o cuidado, na escola, com cada um desses momentos. Nas oficinas pedagógicas, a abordagem desses momentos torna-se mais natural e interessante, pois a preocupação com o projeto faz com que os alunos sintam a importância do planejamento, da revisão, critiquem os textos produzidos, busquem aprimorá-los, escolham os melhores, ajudem os colegas nas diversas etapas, tendo em vista o resultado final.

Assim como para o aluno, o processo textual tem também para o professor três momentos, o da proposta, o da execução e o da avaliação. Quanto à execução, ela cobre os três momentos de produção do aluno, e o papel do professor deve ser realmente o de interlocutor, de companheiro, discutindo hipóteses, esclarecendo dúvidas, sugerindo alterações, ajudando a encontrar soluções no planejamento, na textualização, na revisão, considerado o objetivo geral do projeto. Sobre a avaliação, muito se tem escrito, mas o importante é que o professor, ao avaliar, seja coerente com a teoria, tanto lingüística quanto educacional que embasa seu trabalho e com os outros dois momentos de produção, isto é, a proposta e a avaliação.

Convém refletir sobre a importância do primeiro momento, o da proposta, pois é ela que desencadeia todo o processo de produção, sinalizando já para um possível sucesso ou fracasso no trabalho com textos. Em primeiro lugar, qualquer proposta deve ser discutida, negociada com os alunos, e não imposta pelo professor, coerentemente com a nova relação professor-aluno em sala de aula. Em segundo lugar, qualquer proposta de produção textual terá tanto mais garantia de sucesso quanto mais ela respeitar a natureza do texto, isto é, seu funcionamento fora do contexto escolar. É para essa direção que aponta o trabalho das oficinas pedagógicas, pois elas são tentativas de atenuar a artificialidade da produção de textos na escola.

Entendendo texto não como seqüência de frases bem-estruturadas, mas como unidade de sentido numa situação concreta de interação social, o professor saberá criar ou aproveitar situações que demandem leitura e produção de textos envolvendo os alunos não na execução de uma tarefa de redação, mas na realização de uma etapa de um projeto, levantando para isso questões sobre a natureza textual.

O desenvolvimento de bons leitores e de bons produtores de texto depende de se perceber que o texto envolve interlocutores, aborda determinados referentes, é fruto de uma situação ou de outro texto e tem uma finalidade. Um texto responde, portanto, às questões "quem?", "para quem?" (interlocutores), "sobre o quê?" (referentes), "por quê?" (justificativa, negação), "para quê?" (objetivo, finalidade). As oficinas pedagógicas permitem focalizar produtivamente cada uma dessas questões.

Ao se questionar o "quem?" do texto, aborda-se a subjetividade com todas as suas implicações na leitura e na escrita, a constituição do sujeito, seu condicionamento histórico e social, suas limitações por outras vozes do texto, suas marcas formais. Valoriza-se a criatividade como resultado de opções pessoais quanto ao léxico, à morfossintaxe, à organização textual e, mais que tudo, como uma maneira peculiar de ver o mundo e de representá-lo.

A reflexão sobre a natureza dialógica da linguagem faz com que o aluno se preocupe com a adequação do texto ao seu real destinatário, com o "para quem é o texto?", com o tipo de relação existente entre os interlocutores. O trabalho com as oficinas permite a produção e a leitura para diferentes destinatários, percebendo-se o texto como local de encontro entre sujeitos.

O questionamento dos referentes leva não só aos mecanismos textuais de manutenção dos referentes, mas primeiramente às visões de mundo que, entrecruzadas no trabalho coletivo, permitem o enriquecimento individual. A interdisciplinaridade, marca das oficinas, é posta em jogo, possibilitando a integração de conhecimentos numa visão crítica da realidade.

Trabalhando com projetos, as oficinas atendem naturalmente à leitura e à produção de textos em razão de uma situação peculiar e com vistas a alcançar determinados objetivos. Exemplificando: se o projeto é o de realização de uma exposição de livros de Monteiro Lobato, vários textos serão lidos e produzidos em função dele. Um deles será, por exemplo, uma carta enviada pelos alunos à diretora da escola para obter não só autorização para a realização do evento, como livros, estantes, espaço físico. Observe-se que aí estão concretamente colocados "quem?", "para quem?", "o quê?", "por quê?", "para quê?" e aí se encaminhará a questão "como?", pois só então fará sentido discutir desde a estrutura deste tipo de texto, sua modalidade escrita, a escolha do léxico, de estruturas morfossintáticas, de ortografia, em busca de um texto que melhor atinja seus objetivos.

Trabalhar com oficinas é conviver com o conceito de linguagem como trabalho, com o entendimento do aluno como sujeito de conhecimento, sujeito que observa situações, levanta hipóteses, questiona, propõe soluções. Trabalhar com oficinas é ver o lúdico como forma de aprendizagem, como uma interação subjetiva com o mundo e com as outras pessoas. É valorizar a subjetividade, a criatividade, respeitando em cada aluno o indivíduo único no mundo, ao mesmo tempo que se busca sua integração no grupo, pois só a integração no grupo dá na verdade o sentimento da individualidade. As oficinas trazem ainda a vantagem de descompartimentalizar o conhecimento ao se trabalhar com a interdisciplinaridade num projeto integrador de atividades. Trabalhar com oficinas de texto é perceber com os alunos a real dimensão da linguagem e sua importância em todas as atividades humanas; é reconhecer o seu poder e saber operar com ela.

Este texto procurou mostrar o quanto o trabalho com oficinas de texto está em consonância com a concepção interacionista de linguagem. Se a teoria ilumina a prática pedagógica e a justifica, esta, por sua vez, vai contribuindo para um melhor entendimento da teoria e só poderá alcançar frutos o trabalho em que teoria e prática não se contradigam.

5.

OS CLÁSSICOS: ENTRE A SACRALIZAÇÃO E A BANALIZAÇÃO

Benedito Antunes
João Luís C. T. Ceccantini

Um mergulho na tensão causada pelos clássicos, quando se trata de indicá-los ou de vê-los lidos pelas novas gerações. Essa é a questão de "Para ler os clássicos", de Benedito Antunes, que abre este segmento, abordando desde as dificuldades na leitura de um cânon universal até os problemas oferecidos por um cânon nacional, passando por estratégias das editoras, para seduzir os leitores contemporâneos. Do mesmo Benedito Antunes é o texto "De volta para a classe", que apresenta uma experiência de leitura de um clássico da literatura brasileira, realizada em uma escola pública de ensino fundamental. Encerra este conjunto o artigo "A adaptação dos clássicos", de João Luís C. T. Ceccantini, em que se evidenciam as dificuldades oferecidas quando o trabalho é recriar os clássicos, seja de uma língua para outra (como as famosas adaptações de Peter Pan ou D. Quixote, feitas por Lobato), seja da literatura para outras artes (como a adaptação que os Estúdios Disney fizeram de *Notre Dame de Paris*, de Victor Hugo).

Para ler os clássicos

Diversos fatores têm contribuído para que se leiam cada vez menos os clássicos. Até mesmo na escola a leitura de obras pertencentes ao que se convencionou chamar de "patrimônio literário" tem sido relegada ao plano das tarefas obrigatórias ou meramente finalistas, para atender, por exemplo, às exigências de exames vestibulares. Alguns desses fatores merecem destaque:

1) é possível que, de um modo geral, o ensino da literatura clássica se tenha cristalizado, dando mais ênfase a aspectos externos à obra, como a própria história literária, do que aos textos literários em si;

2) a indústria cultural, aliada à causa dos novos autores, buscou criar espaço para uma ampla produção de textos considerados mais acessíveis aos alunos do ensino fundamental e médio;

3) a universalização das vagas na escola pública resultou numa clientela bastante heterogênea, com alteração do padrão de ensino mantido anteriormente, quando a maioria dos alunos pertencia a camadas mais restritas da sociedade;

4) a educação formal como um todo vive hoje uma crise, e novas formas de transmissão do saber estão sendo buscadas para se alcançar uma maior adequação às exigências da sociedade contemporânea.

Diante desta situação, pode-se perguntar: qual é a importância dos clássicos hoje?, é ainda possível ler os clássicos na escola?, como ensinar a ler os clássicos? etc. Questões desse tipo têm angustiado professores de ensino fundamental e médio e estão a exigir estudos e reflexões que conduzam a uma relação mais autêntica e atual com essas obras.

Origem. O termo *clássico* vem do latim *classicus*, que indicava o cidadão pertencente à mais elevada das cinco classes de romanos. Foi consagrado no século XVII para designar obra literária da antiga Grécia e Roma. Tornou-se, então, sinônimo de obra dotada de elegância e correção formal, simplicidade, dignidade, contenção, ordem e proporção, qualidades que lhe garantiam validade universal e duradoura. Modernamente, dentre os vários sentidos que lhe são atribuídos, clássico comporta noções de: 1) obra ou autor modelar, superior; 2) autor que se estuda em classe devido à sua qualidade superior; 3) escritor da Antiguidade greco-romana; 4) autor ou época cultural que se inspiraram nos clássicos da Antiguidade; 5) autor ou obra que desfrutam de uma certa perenidade, sendo consumidos por sucessivas gerações de leitores.

Como se vê, em sua origem, o termo clássico possui um caráter seletivo, que se desdobra posteriormente em superioridade, perfeição e universalidade, confundindo-se, portanto, com valor estético. Hoje, diz-se clássica qualquer produção que, em seu gênero, seja exemplar, da cultura erudita à cultura de massa.

E as obras literárias que tenham alcançado elevado nível de perfeição tendem a ser preservadas e transmitidas como patrimônio cultural de uma sociedade ou mesmo da humanidade. Algumas delas tornam-se referência obrigatória quando se fala de uma determinada cultura ou época histórica. "A França seria um pouco menos compreensível se não fosse *Madame Bovary*, de Gustave Flaubert. A Inglaterra se não fossem certos livros de Dickens, a Espanha se não fosse *Dom Quixote*. O Brasil seria um pouco menos compreensível, ou um pouco mais incompreensível, se não fosse *Sagarana*. Também seria menos bonito." (R. P. de Toledo, *Veja*, 20/12/95, p.158)

Quem é quem. Considerando a importância dos clássicos na constituição e preservação de uma determinada cultura, coloca-se a questão de se saber qual seria a biblioteca ideal de clássicos. Uma prática muito corrente é perguntar a professores, intelectuais, escritores, enfim, a personalidades que representam uma referência no plano cultural, quais são, segundo eles, as obras fundamentais de uma determinada cultura. Suas respostas, ao lado da constância de estudos críticos de que são alvo determinadas obras, apontam para aquilo que constituiria o chamado cânone, isto é, um conjunto de autores cujas "qualidades os tornam canônicos, ou seja, obrigatórios em nossa cultura", no dizer de Harold Bloom.

Evidentemente, relações de obras desse tipo podem ser mais ou menos amplas e variadas. No nosso caso, para se ter uma idéia dos títulos que costumam freqüentar as listas de obras consagradas, basta consultar as famosas coleções de clássicos brasileiros que diversas editoras colocam no mercado a preços bem acessíveis e que são largamente utilizadas como material didático. Dentre elas, merece destaque a pioneira *Clássicos Brasileiros*, da Ediouro, que reúne quase todos os autores representativos da cultura brasileira, inclusive contemporâneos. Um pouco menos abrangente, mas igualmente importante, tanto pela seleção de autores como pelo material didático que a acompanha, é a *Série Bom Livro*, da Editora Ática, que é também muito utilizada na escola.

Dentre as antologias, destacam-se a tradicional coleção *Nossos Clássicos*, da Editora Agir, com informações biográficas, históricas e bons estudos críticos, e *Literatura Comentada*, da Editora Nova Cultural, que traz inclusive autores contemporâneos, como o Caetano Veloso letrista. Várias outras editoras que atuam no setor de livros didáticos têm procurado editar coleções de clássicos a preços acessíveis para uso escolar, como a Editora Moderna, cuja *Coleção Travessia* conta já com uma respeitável lista de títulos.

Mais recentemente, as editoras descobriram uma nova maneira de publicar os clássicos. Trata-se de livros de bolso a preços significativamente baixos, como os lançados pelas editoras L&PM, Paz e Terra e, mais uma vez, Ediouro. Os volumes de sua coleção *Clássicos de Ouro* trazem antologias e textos integrais de clássicos de todas as épocas, num volume razoavelmente bem-cuidado, ao preço fixo de um refrigerante, apresentando, provavelmente, uma solução definitiva para se combater o uso indiscriminado de fotocópias de livros nas escolas, sem prejudicar o trabalho em sala de aula.

Pode até ser contraditório, mas ao mesmo tempo em que os clássicos parecem ser pouco lidos, chegam cada vez a um número maior de leitores. Atualmente, é possível encontrar os clássicos também na Internet – a rede mundial de computadores. Numa espécie de reatamento das duas pontas da civilização, os clássicos gregos e romanos foram os primeiros a entrar na rede. A informática, para alguns, favorece a leitura; para outros, concorre com ela. De qualquer maneira, os clássicos, enquanto uma espécie de "memória do mundo", também estão lá para serem lidos por quem o desejar. E é até provável que, mesmo quando não imaginamos, eles estejam, de alguma forma, navegando entre nós.

Na escola. O escritor italiano Italo Calvino (1923-1985), no ensaio "Por que ler os clássicos", afirma que "os clássicos não são lidos por dever ou por respeito mas só por amor. Exceto na escola...". Com efeito, desde o século XVI, a escola tem-se destacado como a principal responsável pela transmissão do patrimônio cultural e literário da humanidade. Mas é possível que esse papel esteja um pouco alterado. Voltemos às considerações de Calvino: "...a escola deve fazer com que você conheça bem ou mal um certo número de clássicos dentre os quais (ou em relação aos quais) você poderá depois reconhecer os 'seus' clássicos. A escola é obrigada a dar-lhe instrumentos para efetuar uma opção: mas as escolhas que contam são aquelas que ocorrem fora e depois de cada escola."

Há no pensamento do escritor italiano uma evidente restrição tanto à sonegação dos clássicos aos leitores em formação, quanto à sua leitura imposta, na medida em que ele considera que um clássico "funciona" como clássico quando "*estabelece uma relação pessoal com quem o lê*". Estamos aqui frente ao paradoxo da relação entre obra e leitor mediada pelo professor e pela escola: em que medida é possível ensinar a ler obras pelas quais o leitor pode se apaixonar mas sem que se considere essa paixão como obrigatória?

Os clássicos têm sido estudados na escola por meio de antologias e listas de obras fundamentais, que permitem um rápido contato com um determinado universo cultural. Entretanto, ao mesmo tempo que esse material serve para se conhecer e preservar o patrimônio, ele tende também a *cristalizar* uma certa noção de literatura, impedindo, por exemplo, a inclusão de contemporâneos que não seguiram os modelos consagrados.

No caso brasileiro, Alfredo Bosi (1936) constata que até os anos

50 tivemos uma estabilidade do *cânon nacional* constituído a partir do século XIX. Na segunda metade do século XX, houve uma abertura para textos modernos e contemporâneos na sala de aula. Entretanto, para Bosi, a indústria cultural dos anos 70 "minou fundo" essa atualização do patrimônio cultural, jogando no mercado uma avalanche de textos didáticos que representou uma exclusão do passado sem que se colocasse no lugar um "repertório novo, coerente e pensado". Foram, assim, levados para as salas de aula autores que "já não dispunham de uma consciência crítica suficientemente aguda para explorar as riquezas do moderno, nem de cultura filológica e literária bastante para aprofundar os veios da tradição".

Em vista disto, caberia então à escola ver criticamente os chamados cânones literários. Não simplesmente para refutá-los, mas para adaptá-los ao universo dos alunos, com o que se modificaria o modo tradicional de se relacionar com eles. Retomando a idéia de "funcionar" ou não de Calvino, se trataria de colocar os alunos em contato direto com essas obras, sem a camisa-de-força das interpretações e classificações já consagradas, que tendem a desmotivar a aventura da leitura literária.

Hit parade nacional. Tomando-se de forma aleatória algumas das enquetes que se fazem para eleger os livros fundamentais da literatura brasileira, é possível imaginar uma lista de obras que são freqüentemente citadas. Inicialmente, se destacariam os romances de Machado de Assis, especialmente *Dom Casmurro*, *Quincas Borba* e *Memórias póstumas de Brás Cubas*. É muito lembrado também o romance *Grande sertão: veredas*, de Guimarães Rosa, vindo em seguida *Macunaíma*, de Mário de Andrade, e *Os sertões*, de Euclides da Cunha. Completariam a lista das mais lembradas *Vidas secas*, de Graciliano Ramos, *Fogo morto*, de José Lins do Rego, *Iracema*, de José de Alencar, e *Memórias de um sargento de milícias*, de Manuel Antônio de Almeida. Da produção poética, costuma-se citar como fundamentais *Primeiros cantos*, de Gonçalves Dias, *Libertinagem*, de Manuel Bandeira, e *A rosa do povo*, de Carlos Drummond de Andrade.

De volta para a classe

Numa de suas acepções mais correntes, o termo *clássico* refere-se a obras exemplares, que se estudam nas escolas. Mas, devido a diversos fatores, os chamados clássicos estão cada vez mais distantes das salas de aula. Em seu lugar, viceja uma vasta produção vicária com a qual se tem procurado, nos melhor dos casos, iniciar os jovens na leitura.

Inquieta com esta situação, a professora Neuza Monteiro Lucena resolveu reviver com seus alunos da 7.ª série da EEPG "Alexandrina Pena", de Paraguaçu Paulista, uma experiência pessoal da adolescência, quando ficara entusiasmada com a leitura de *Vidas secas*, de Graciliano Ramos. Aproveitando a oportunidade de uma monografia destinada a completar os créditos do Curso de Especialização "A literatura e o ensino da literatura", da UNESP de Assis, traçou algumas estratégias que pudessem despertar os alunos para a leitura da obra. Pretendia "que eles tivessem uma experiência nova como leitores adolescentes, diferente da habitual" – explica a professora.

Antes de propor a atividade de leitura, Neuza Lucena fez uma breve pesquisa entre os 19 alunos da classe para colher com mais precisão alguns dados sobre sua condição socioeconômica e suas atividades de lazer e cultura. Constatou que a maioria deles, com idade entre 12 e 16 anos, era humilde e tinha como únicas formas de lazer o rádio e a televisão. Embora quase todos declarassem gostar de ler, revelavam ter contato regular apenas com histórias em quadrinhos e livros infantis. Então, após entendimentos com a classe, a professora propôs um tema para o projeto que iria desenvolver: "A nossa realidade", que uma aluna corrigiu para "A nossa triste realidade", dando origem a um tema mais específico: "A carência da nossa gente".

A partir daí, foram desenvolvidas atividades que proporcionassem a introdução ao tema. Inicialmente, a professora distribuiu jornais entre os alunos e eles passaram a recortar notícias sobre enchentes, menores abandonados, desabrigados, doenças, para serem lidas e discutidas em classe. Mesmo nas histórias em quadrinhos foi possível localizar material relacionado à carência. A professora Neuza notou que, com a atividade, as aulas ficaram dinâmicas, participativas, embora alguns alunos ainda se mostrassem preocupados com a nota.

Considerando o interesse pelo tema, a professora propôs uma pesquisa sobre o contexto do bairro, em que se confirmou a carência social, econômica e cultural do universo em que vivem os alunos. Como o "Fantástico", da Rede Globo, tinha exibido na época o videoclipe de Michael Jackson "Eles não ligam pra gente", Neuza levou-o para a sala de aula para que os alunos o discutissem oralmente e por escrito. O resultado, como era de se esperar, revelou sobretudo empatia pelo clipe. Nos comentários, os alunos destacaram as pessoas que participaram da gravação, sua alegria e emoção de estar ao lado do cantor famoso. Nas redações, igualmente, focalizaram apenas o lado alegre do espetáculo. Isto não impediu, entretanto, que dados de ordem socioeconômica fossem notados, como se lê no texto da aluna Luciane P. Silva: "Algumas pessoas estavam tão tristes que às vezes perdiam a vontade de viver. Mas com a vinda do seu ídolo a vontade de viver foi maior".

A esta altura das atividades – lembra a professora Neuza – um episódio real mobilizou a classe. "Uma aluna da turma passou por problemas sérios de sobrevivência. A sua família não tinha o que comer. Todos os colegas tomaram conhecimento deste fato e, imediatamente, se mobilizaram para ajudá-la. O tema da carência tornou-se mais presente."

Antes de iniciar a leitura de *Vidas secas*, foi apresentada à classe uma reportagem da revista *Veja*, em que se falava do sertanejo nordestino no Ceará. Passando ao romance, a professora começou por ler seu capítulo inicial ("A mudança") e tecer alguns comentários sobre o tema da obra. A seguir, os demais capítulos foram distribuídos para grupos de dois ou três alunos, de acordo com seus interesses. "Este romance – comenta a professora –, em virtude de sua organização, pode ser lido como contos independentes", o que contorna o problema da resistência à leitura de textos longos.

Depois de uma semana, deveriam fazer considerações gerais sobre os capítulos lidos, falando do assunto, de sua impressão de leitura, de como se apresentam as personagens. Durante o processo, a professora procurou destacar alguns aspectos do livro que julgava importantes para motivar a leitura. Como a ênfase estava sendo dada às figuras do romance, levou à sala de aula uma reprodução do quadro "Os retirantes", de Cândido Portinari, para que os alunos observassem detalhes da tela, especialmente os relacionados às figuras representadas. Procuraram comparar a família do quadro com a do romance. "O visual causou um impacto maior do que a leitura", constatou Neuza. Assim, a partir da análise da tela, sugeriu que os capítulos do romance poderiam ser ilustrados. "Os alunos mostrariam a interpretação do capítulo lido pela ilustração."

O passo seguinte foi a exibição do filme *Vidas secas*, de Nelson Pereira dos Santos. Após a discussão de alguns aspectos do filme, os alunos puderam perceber diferenças em relação ao livro, como a ordem de alguns fatos narrados e a supressão de outros. Assim, discutiu-se a importância do narrador no romance, que não aparece de forma direta no filme. Foi comparada a imagem das personagens do romance com a criada pelo filme. "Um aluno – diz Neuza – observou a cachorra Baleia e comentou que a imaginava da mesma forma como o filme a colocou."

Para concluir, a professora propôs uma discussão geral, comparando o quadro, o filme e o romance. Em seguida, pediu aos alunos que escrevessem um texto para avaliar todo o trabalho desenvolvido. No entender da professora, "os alunos que participaram das diversas fases do trabalho apresentaram uma melhor análise, conseguindo chegar a uma visão madura sobre as personagens e outras características relevantes da obra". Houve uma aluna que, no entusiasmo, assim se expressou: "*Vidas secas* não é apenas uma leitura, mas sim uma triste realidade, que muitas pessoas ignoram" (Cláudia Cristina da Silva).

Neuza admitiu que nunca havia trabalhado com um livro daquela maneira. "Estava acostumada a impor aos alunos uma leitura e depois avaliá-la com perguntas óbvias sobre a obra. E para os alunos também foi diferente porque estavam acostumados com a leitura por obrigação e uma avaliação objetiva da obra", em que "o professor indicava a obra, alguns a liam, depois respondiam a um questionário ou faziam um resumo e nada mais era dito sobre a obra". Na proposta que desenvolveu, apesar de a escolha do romance ter sido sua, "o aluno foi preparado para chegar à leitura e todo o processo foi discutido e avaliado por ele". "Neste processo – acrescenta a professora – o aluno-leitor é um ser ativo, ele pode opinar sobre a leitura".

Quanto à validade de seu trabalho, Neuza Monteiro Lucena reconhece que deu apenas "um passo para a mudança no modo de ensinar literatura". Inclusive nem chegou a fazer com que todos os alunos lessem o livro inteiro. Somente dois ou três foram espontaneamente procurá-lo na biblioteca para completar a leitura. Mas experiências como esta são, sem dúvida, válidas para se desenvolver o gosto pela leitura. E, no caso de uma obra clássica, talvez sejam até mesmo indispensáveis para tornar a leitura mais viva e favorecer seu retorno à sala de aula, único espaço em que a maioria dos alunos tem condições de conhecer esse tipo de literatura.

A adaptação dos clássicos

Problema espinhoso que volta e meia retorna ao debate da imprensa cultural, de um modo geral, ou do meio especializado em literatura infanto-juvenil, em particular, é o da adaptação dos clássicos literários. Em que medida é legítima a alteração do texto "consagrado" e "estabelecido" de um determinado escritor para se atingir um público específico? A resposta a essa questão está longe de ser pacífica. Com o advento, desde o século passado, da "indústria cultural", que corriqueiramente lança no mercado inúmeras adaptações dos clássicos literários, mediadas por diferentes linguagens (a do cinema, a do desenho animado, a dos quadrinhos, a da própria linguagem literária etc.), muita tinta tem sido gasta para se invocarem os mais variados argumentos a favor de ou contra a adaptação dos clássicos.

Um artigo recente sobre o assunto que vale a pena ser recuperado aqui é o da especialista Nelly Novaes Coelho (1922), "O processo de adaptação literária como forma de produção de literatura infantil" (*Jornal do Alfabetizador*, ano VIII, n.44, 1996). O artigo introduz com precisão o problema da validade ou não das adaptações literárias para crianças e adolescentes: "as opiniões se dividem: uns são contra essa adaptação, fundamentados no fato de que a obra literária é um todo indispensável, resulta do amálgama conteúdo-forma, que não pode ser decomposto em seus elementos constituintes (conteúdo para um lado, forma para o outro), sob pena de perderem a sua verdade ou autenticidade de criação literária; outros são a favor, fundamentados no fato de que certas obras literárias atingem tal grau de verdade humana que ultrapassam sua natureza literária e se transformam em matéria mítica (a que conserva sua força e valor em todas as formas lingüísticas ou outras que a traduzam)".

Vale lembrar que, no Brasil, Monteiro Lobato (1882/1948) é um exemplo significativo dos partidários desta segunda posição, tendo causado sempre arrepios nos mais puristas. Lobato foi um ferrenho adepto da recriação dos clássicos, tendo dado nova vida a uma série de textos que o tinham impressionado vivamente na infância e que julgava fundamental serem conhecidos das novas gerações. São enormemente conhecidas as adaptações que fez, por exemplo, de *Robinson Crusoe* ou de *Alice no País das Maravilhas*. Reconhecia o problema do envelhecimento dos códigos estéticos e a barreira que poderiam significar para novos leitores através do tempo, sobretudo os mais jovens. Empenhou-se em reescrever os clássicos no que chamava de "língua desliteraturizada", pois, para ele, "a desgraça da maior parte dos livros é sempre o excesso de 'literatura'." Em relação aos textos narrativos, era categórico: "A coisa tem de ser narrativa a galope, sem nenhum enfeite literário. O enfeite literário agrada aos oficiais do mesmo ofício, aos que compreendem a *Beleza literária*. Mas o que é beleza literária para nós é maçada e incompreensibilidade para o cérebro ainda não envenenado das crianças." É preciso não esquecer também que a visão de Lobato em relação ao problema da adaptação era tão elástica, que muitas vezes ele preferiu, à simples adaptação de um título, mesclar uma história original de outro autor a uma outra narrativa original por ele criada, como no caso do *Peter Pan* ou do *D. Quixote das crianças*.

Nelly Novaes Coelho, em seu artigo, demonstra que Lobato fez escola, e se revela, ela também, partidária entusiasta da segunda posição, aquela que endossa a idéia da contínua adaptação dos clássicos. A autora começa por abordar o caso dos *contos de fadas*, de extremo valor para a tradição da literatura ocidental e que, à sua moda, tornaram-se "clássicos" eles também, mas nem por isso deixando de se tratar de adaptações literárias (no caso, da modalidade oral para a escrita). Nelly destaca o fato de que os contos de fadas foram adaptados em função do "interesse lúdico ou dramático do enredo, somado à exemplaridade do comportamento humano ali em evidência; exemplaridade que fugia dos estreitos limites 'morais' para assumirem o valor de 'sabedoria de vida', válida para qualquer tempo ou espaço". Enfatiza o aspecto mítico dos contos, que possuem seu espaço-tempo característico, adquirindo validade humana universal. Acredita que, se essas obras duraram no tempo, sendo continuamente "reformuladas", é porque tinham o que dizer. Nelly procura destacar, ainda, o fato de que as adaptações, quando bem feitas, nem por isso deixam de encerrar as marcas criativas de seus autores/adaptadores, devendo ser valorizadas pela comunicação viva e imediata que podem obter junto a seu público-alvo.

A pesquisadora não se limita, no entanto, a defender a adaptação apenas para o caso dos contos de fadas. Vai além, considerando legítima a adaptação de muitos outros textos de caráter narrativo ou dramático (fica implícito que a poesia não se presta à adaptação), como os mitos greco-latinos, os mitos indígenas, feitos históricos e toda uma série de obras, distantes no tempo, cujos heróis se teriam transformado em mitos: D. *Quixote*, *Moby Dick*, *Hamlet* e tantas outras. Em seu artigo, Nelly chega mesmo a propor a adaptação de literatura contemporânea estrangeira ou nacional, citando, entre outros autores, Kafka, Joyce, Guimarães Rosa. Não deixa de fazer, entretanto, um alerta para a necessidade de rigor nas adaptações, o que exige pesquisa e árduo trabalho do autor/adaptador, no sentido de criar soluções fiéis ao original e eficientes para a nova narrativa, no nível de sua estrutura, no âmbito da caracterização das personagens e, sobretudo, no plano do estilo ou da "invenção literária".

Em favor da posição de Lobato e Nelly, seria interessante ainda argumentar que, se aceitamos o conceito de *intertexto*, ou seja, essa idéia de que a literatura se constrói como infinito mosaico de citações e influências, mais ou menos remotas, a desconfiança em relação às adaptações deveria ser amenizada. Afinal, se é válida a premissa de que alguns "clássicos" são obras fundadoras ou canônicas que, ao longo do tempo, se tornam balizas significativas para um dado patrimônio cultural, até que ponto as demais obras produzidas não podem ser compreendidas como contínuas "adaptações" literárias dessas matrizes?

Talvez ilustrativo desse argumento seja um recente episódio ocorrido com o cineasta francês Jean-Luc Besson (1959), quando esteve na cidade de São Paulo para divulgar seu último filme, a superprodução O *quinto elemento* (1997). Na ocasião, quando provocado por um jornalista da *Folha de* S. *Paulo* a respeito de diversas influências e citações de filmes recentes de ficção-científica que estariam presentes em seu novo filme, reagiu mal, não as admitindo. Saiu-se com a seguinte declaração, igualmente provocadora: "Não existem tais semelhanças, citações. (...) Há três temas na vida: *Hamlet*, a Guerra de Tróia e *Romeu e Julieta*, nada mais. Você pode relacionar todos os filmes e livros a esses três temas. A única coisa que muda é o ponto de vista do artista que fala sobre eles."

De modo igualmente irreverente e enfático, o psicanalista Contardo Calligaris valeu-se indiretamente da noção de *intertexto*, ao defender, no mesmo jornal, a adaptação de obras literárias dos ataques daqueles que vêem nessa modalidade apenas o empobrecimento de um dado patrimônio cultural, a simplificação de obras complexas, a falsificação de histórias. Nos termos em que coloca a questão: "Ninguém protesta porque no *Ulysses* de Joyce faltaria algum pedaço da Odisséia. Mas muitos se indignam porque na *Odisséia* feita por Hollywood falta uma cena do original venerado. (...) Somos uma cultura da nostalgia e do mau humor combinados."

São provocações, as de Besson e Calligaris, que ajudam a relativizar a rigidez com que se queira encarar o problema da adaptação dos clássicos literários. Ainda que se considerem com cuidado os riscos das adaptações, no sentido de que, mal feitas, podem trair substancialmente a visão de mundo e a experiência lingüística que proporcionariam os clássicos originais, não se pode subtrair a elas o papel histórico que têm desempenhado na ampliação do círculo de leitores de determinadas obras, desde que a cultura saiu das mãos dos pequenos guetos para as grandes massas. A questão da adaptação remete inevitavelmente para a da *formação de leitores*. É preciso ter sempre presente que, além, naturalmente, de objetivos ligados a questões de mercado e vendagem, quando se adapta um clássico é porque se tenta ampliar o campo de circulação de uma obra que já não encontra tantos leitores. E, historicamente, o fenômeno se repete: a cada adaptação bem realizada de um clássico (nas várias linguagens) é grande o número de leitores que se dirige aos textos originais.

Não se pode esquecer que o papel das adaptações, particularmente no caso das obras já muito distanciadas no tempo, afastadas consideravelmente de nossas convenções lingüísticas/estéticas, tem sido importante no sentido de preservar certas referências culturais que, de outro modo, estariam condenadas ao esquecimento e constituiriam obstáculos mesmo para a compreensão da cultura contemporânea, já que é ela esse mosaico de citações. Alguém imagina um típico adolescente dos dias de hoje, ainda que de classe econômica privilegiada, entregue aos dois grossos volumes de um D. *Quixote*? Improvável. Nem por isso deveria ele deixar de ter acesso a elementos básicos da história do cavaleiro da triste figura. Talvez o caminho da adaptação não oferecesse a verticalidade do mergulho no original; somente com ela, no entanto, talvez fosse possível algum tipo de *fruição* do universo de Cervantes e, ao menos, a garantia do conhecimento de mínimas referências para deslindar as tramas da mais corriqueira produção cultural do presente.

Quanto à adaptação de "clássicos da literatura contemporânea" para jovens leitores, como quer Nelly Novaes Coelho em seu entusiasmo, talvez seja uma questão mais discutível. Qual o sentido de se reescreverem textos ainda muito próximos a nós, do ponto de vista da linguagem e das convenções estéticas? Em que medida já se torna possível divisar nesses textos a "matéria mítica" de que fala a pesquisadora, justificando a adaptação? Os obstáculos à recepção desses textos não se fariam igualmente presentes tanto para leitores jovens quanto adultos, em função de aspectos mais propriamente estruturais dos textos? Se os leitores não estão ainda maduros para esse tipo de literatura de sua própria época, por que dirigir-se a esses textos e não a outros? Não haveria, em meio à vastíssima produção cultural contemporânea, textos originais mais acessíveis ao jovem, que compartilhassem de visão de mundo semelhante à desses "clássicos contemporâneos" e de projeto literário com eles afinado? Quando mais maduro como leitor e a isso disposto, o jovem poderia então enfrentar esses textos.

Pensar esse problema da adaptação dos "clássicos" contemporâneos remete a uma questão talvez de cunho mais geral, que é a da fetichização do "clássico". Ele é, sob esse prisma, tranformado em valor absoluto, leitura que deve ser feita a qualquer preço, independentemente do contexto do leitor. Sob o véu do fetiche, os extremos da banalização e da sacralização parecem se tocar. Banalizado, todo "clássico" passa a ser alvo de qualquer adaptação. O importante é que seja lido a todo custo. Sacralizado, o "clássico" não pode ser "adulterado" em hipótese alguma, transforma-se em objeto de descomedida veneração. Do mesmo modo, deve ser lido, ainda que a ferro e fogo.

No afã de se defender o "clássico", é preciso estar atento para o perigo de se acabar por fetichizá-lo, reificá-lo, transformá-lo apenas numa mercadoria entre tantas outras, esvaziada de qualquer sentido humano mais profundo. O risco aí é o de se ir para um Guimarães Rosa, por exemplo, com a mesma leveza de intenções com que se escolhe uma roupa de grife ou a caneta da moda. Ou seja, a literatura, nesse caso, deixa de valer por si, para assumir apenas o valor simbólico que confere prestígio a seu "possuidor".

6.

POR UMA GRAMÁTICA DO CHÃO

Sonia Aparecida Lopes Benites
Maria Céli Beraldo Pazini
Rony Farto Pereira

Sonia Aparecida Lopes Benites e Maria Céli Beraldo Pazini, em "Para que ensinar gramática", refletem sobre as mazelas no tipo de ensino de gramática que se pratica hoje, na escola, onde, freqüentemente, a ênfase excessiva na metalinguagem compromete os reais objetivos dessa atividade, como meio de fornecer ao estudante habilidades necessárias para um bom desempenho lingüístico. No artigo "Como ensinar gramática?", Sonia Benites procura fornecer subsídios para um trabalho produtivo, em sala de aula, com os conteúdos gramaticais. No último texto do conjunto, "A gramática no livro didático do ensino fundamental", Rony Farto Pereira faz uma análise pontual de três coleções de livros didáticos, em que exemplifica alguns problemas na forma de introduzir a análise lingüística nesse nível de ensino.

Para que ensinar gramática

Uma das mais angustiantes indagações existentes a respeito do ensino de Língua Portuguesa é o ensino de gramática. Pedagogos, gramáticos e lingüistas discutem, sem chegar a um consenso, desde a própria validade desse tipo de ensino, no nível fundamental, até a forma como devem ser tratadas as variedades gramaticais decorrentes do nível sociocultural do aluno, da modalidade oral ou escrita, do grau de formalidade da situação discursiva.

Questões desse tipo atingem o trabalho na sala de aula, uma vez que, não encontrando uma orientação segura para desenvolver uma prática pedagógica eficiente, o professor acaba, muitas vezes, transformando o ensino de gramática em um fim em si mesmo, enredando-se numa preocupação metalingüística que não levará o aluno a melhorar seu desempenho comunicativo.

A prática tem demonstrado que saber explicitar o conhecimento de regras gramaticais não equivale necessariamente a um melhor desempenho como leitor e produtor de textos orais e escritos. Alunos que decoram regras e definições, ao falar ou escrever transgridem as próprias normas que estão explicitando. A excessiva preocupação com as regras gramaticais tira a naturalidade do discurso, podendo, inclusive, ter um efeito negativo, inibindo o locutor. Por outro lado, é comum o depoimento de escritores ou de outras pessoas conhecidas por seu bom desempenho comunicativo em que elas confessam sua dificuldade em explicitar o conhecimento gramatical.

A ênfase sobre a metalinguagem, especialmente no ensino fundamental, cria nas crianças uma falsa imagem da língua, desmotivando-as para o estudo da disciplina, levando-as a pensar que não sabem nada de língua, que a língua é algo muito complexo e que para dominá-la é necessário memorizar um sem-número de regras com suas exceções.

A compreensão muitas vezes equivocada que os professores têm das recentes orientações para o trabalho com o texto permite detectar uma tendência em substituir a metalinguagem gramatical por uma outra que trabalha com noções como coerência e coesão como pretexto para ensinar gramática. Também essa orientação não levará a bons resultados se o que se pretender for apenas a teorização sobre as metarregras, sobre elementos de coesão, listagens de pronomes e conectivos do texto.

Não privilegiar a metalinguagem gramatical não significa, por outro lado, evitar temerosamente o emprego de qualquer terminologia. Há momentos em que é preferível usar a nomenclatura gramatical a ficar procurando metáforas, subterfúgios engenhosos para substituí-la.

Uma outra posição extrema adotada na escola é a de se desconsiderar em absoluto a preocupação com a gramática, desorientando-se o professor nessa assistematização lingüística. A ausência de reflexão sobre as estruturas que organizam os textos produzidos ou lidos pelos alunos dificulta o progresso no domínio da língua e o trabalho com textos cada vez mais complexos.

Nenhum desses tratamentos preenche a finalidade da área de Comunicação e Expressão, já que em um deles o professor limita-se a oferecer ao aluno uma terminologia gramatical dissociada do uso lingüístico como forma de expressão e de atuação social, e em outro, priva o aluno de uma segura sistematização dos fatos lingüísticos que lhe permitiria melhorar seu desempenho.

Ensinar gramática é ensinar a ler, analisando as formas da língua na configuração do sentido do texto, e ensinar a falar e a escrever, escolhendo formas adequadas a uma situação discursiva. Essa adequação envolve tanto a escolha de uma das variedades sociais da língua, quanto as diversas formas de expressão dentro de uma mesma variedade, particularmente dentro da variedade padrão.

Sendo assim, duas conclusões se nos apresentam. A primeira é a de que saber gramática não é o objetivo do ensino de língua, mas uma habilidade necessária para um bom desempenho lingüístico. A segunda conclusão é a de que o ensino de gramática não pode ser visto como uma atividade castradora e temida por se investir no poder de decretar o correto, mas sim como um exercício de criatividade, instigador e agradável.

Como ensinar gramática?

Os programas escolares são o reflexo mais palpável do desconhecimento do lugar da gramática no ensino de língua. Além da excessiva preocupação com a metalinguagem, pode-se neles detectar uma considerável quantidade de aspectos gramaticais desnecessários com os quais se perdem horas preciosas; desnecessários, ou porque o aluno já os domina sem qualquer problema, ou porque conhecê-los não implica melhoria no desempenho lingüístico, ou ainda porque são conhecimentos que dificilmente serão utilizados.

No primeiro caso situam-se as listas de femininos de palavras de uso comum, como "menino" e "professor", a ênfase dada à concordância em gênero (com exercícios óbvios de anteposição do artigo a substantivos como "café", "bola", "rei"), e a ordenação de vocábulos para formar frases sem qualquer particularidade estilística. No segundo caso, podem ser citados conteúdos como a classificação das palavras quanto ao número de sílabas, a distinção entre dígrafo e encontro consonantal, e a classificação dos substantivos em concretos e abstratos. Por fim, é questionável a utilidade das listas de coletivos, de superlativos, de adjetivos pátrios, de várias preposições e de muitos numerais, que o aluno raramente terá oportunidade de empregar. Vale lembrar que estes últimos aspectos não se referem à gramática, mas ao léxico, adquirido e ampliado pelo indivíduo em suas experiências de vida, independentemente da escola.

Ao deparar-se com tais programas, o professor deve ter em mente que muito mais importante que levar o aluno a saber sobre a língua é levá-lo a saber usar a língua. Da mesma forma, deve lembrar que aprender língua não é aprender uma técnica: primeiro a teoria, depois a aplicação prática. Aprende-se o uso pelo uso. Compete a ele, portanto, levar o aluno a depreender os princípios da organização lingüística, a partir dos textos que lê, escreve, ouve, fala.

Partindo de situações concretas de interação, o professor pode ir observando com o aluno a importância de determinados aspectos gramaticais, alguns dos quais serão aqui evocados, a título de exemplificação. O primeiro deles é a compreensão de relações semântico-sintáticas contidas nos períodos que o aluno lê ou escreve, tais como causa e conseqüência, temporalidade, concessão, entre outras, assim como o reconhecimento das diferentes formas como essas relações podem ser representadas na língua.

Interessa igualmente ao estudante saber que a pontuação não marca apenas pausa, mas é uma tentativa de, por meio da escrita, representar-se a intenção do autor, indiciada oralmente pela entoação. Por isso, não se concebe a abordagem da pontuação dissociada das funções da linguagem e dos tipos de frases.

No tratamento da morfologia, é fundamental atentar para a subjetividade inerente a certas classes e categorias, como o adjetivo, alguns advérbios, o modo e o grau. A correção de exercícios sobre o grau, por exemplo, merece atenção, pois as diferentes possibilidades permitidas pela língua são infinitamente mais expressivas do que a forma sintética, geralmente dada como única, feita por meio da desinência. Assim, o estudante perceberá a riqueza desse aspecto gramatical, certificando-se de que a forma indicada nas listas dos livros didáticos é apenas mais uma possível.

A abordagem dos conteúdos gramaticais no momento oportuno e na medida necessária substituirá programações rigidamente preestabelecidas, que enfatizem o já conhecido ou se preocupem com a minúcia, com a exceção.

Após identificar as dificuldades, o professor trabalhará cada problema separadamente, inserindo-o numa situação discursiva e levando o aluno a inferir, naturalmente, o princípio de sistematização do fato gramatical. Nesse processo, a preocupação sempre estará voltada ao uso adequado das formas lingüísticas, conforme a situação; jamais à cobrança de explicitação pelo aluno de regras gramaticais.

A gramática no livro didático do ensino fundamental

A *Proposta Curricular para o Ensino de Língua Portuguesa*, do Estado de São Paulo, lembra que a atividade de falar sobre a linguagem (a metalinguagem) "nada tem a ver diretamente com o processo efetivo de produção e interpretação dos textos. Trata-se de uma atividade *exterior* ao uso efetivo da linguagem (atividade lingüística) e aos processos de reflexão sobre esse uso (atividade epilingüística)" (*Proposta*, p. 25, grifos nossos).

Entretanto, o exame de algumas tarefas propostas por livros didáticos para a quinta e sexta séries do ensino fundamental, por exemplo – em que os alunos deveriam dedicar-se pouco ou nada à metalinguagem – mostra de que forma a gramática continua a ser ensinada na escola.

Com o objetivo de auxiliar o professor de Português a refletir sobre essas atividades, usando o livro didático com mais consciência e com espírito crítico, comentaremos a seguir alguns exemplos extraídos das coleções didáticas de Celso P. Luft & Maria Helena Correa – *A palavra é sua* (5.ed., São Paulo: Scipione, 1995); Roberto M. Mesquita & Cloder R. Martos – *Aprender Português* (5.ed., São Paulo: Saraiva, 1990) e Hermínio G. Sargentim – *Atividades de comunicação em Língua Portuguesa* (São Paulo: IBEP, s/d).

No volume dedicado à quinta série, causa espanto o excesso de metalinguagem. Nas três coleções, há uma análise detalhada das classes gramaticais, incluindo os verbos de todas as conjugações, além de um minucioso estudo das funções sintáticas. É como se fosse preciso, em apenas uma série, abarcar toda a parte gramatical, da morfologia e da sintaxe...

Esse problema se relaciona com a falta de seqüência dos conteúdos propostos, de gradação, de uma série para outra, refletindo a falta de integração entre os professores das diversas séries. Veja-se o estudo da frase, período e oração: Mesquita & Martos abordam esse tema na sexta série (p. 14-15). Em Sargentim (p. 11 e 20) isso é visto também na sexta série; porém, no mesmo autor (p. 12-19), frase, período e oração voltam a ser estudados na oitava série.

Além disso, os manuais insistem inicialmente numa exposição teórica sobre o ponto morfossintático enfocado. O problema é que nem sempre as definições são coerentes e corretas.

Note-se o que ocorre com o pronome. Sargentim (5.a série, p. 92) o considera uma palavra que substitui o nome (aliás, este não foi definido nem o será, em toda a coleção...). Ao vermos os exemplos de pronomes demonstrativos, logo na p. 99, fica difícil conservar essa noção, uma vez que estes "indicam as diferentes posições de um objeto em relação à pessoa que fala".

Mesquita & Martos (6.a série, p. 59 e 86) parecem atentos à dificuldade e distinguem pronomes substantivos e adjetivos. Todavia, na p. 86, a definição de pronome adjetivo se torna vaga: "palavra [qualquer?] que acompanha o substantivo..."

Luft & Correa (6.a série, p. 17-18) apresentam uma definição adequada, atribuindo aos pronomes a função de: a) representar os substantivos; b) acompanhar e determinar os substantivos a que se referem.

No entanto, ao estudar os tempos verbais, Luft & Correa ilustram o presente – momento da fala – com frases como : "Eu *faço* bolos" (6.a série, p. 107). Mesquita & Martos (6.a série, p. 125) preferem "Ele *gosta* de mim" e "Paulo *canta* bem". Não se comenta a possibilidade de o presente, em português, indicar uma ação que não precisa estar ocorrendo no momento, mas se refere a hábitos, a verdades gerais, como os exemplos dados.

Em termos de aspectos anacrônicos, no livro didático, o uso dos coletivos segue como triste exemplo, seja em Sargentim (5.a série, p. 36), seja em Luft & Correa (5.a série, p. 69). Há a preciosidade representada pela insistência no ensino do superlativo: em Sargentim (5.a série, p. 73), o aluno é convidado a usar *aspérrimo*, *celebérrimo*, *frigidíssimo*, *superbíssimo*, entre outras pérolas.

Como pontos positivos, poderíamos destacar a série de atividades de linguagem introduzida por Mesquita & Martos (cf. o volume dedicado à 6.a série). São propostos exercícios de transformação de frases, de ampliação, de substituição, para levar o aluno a trabalhar com a linguagem, a fazer operações com esse objeto, sem a preocupação com a terminologia.

Em Sargentim (5.a série, p. 43), existe um cuidado em precisar a diferença entre gênero (coisa de palavras) e sexo (coisa de seres), ao tratar do gênero do substantivo, apesar de o Autor cair na armadilha antiga e fornecer a lista de epicenos, que mistura as noções de sexo e gênero. O tratamento do gênero também é bastante claro em Luft & Correa (6.a série, p. 33-34), pois evita considerar todos os processos existentes como simples *flexão*; entretanto, também apresentam a lista dos epicenos.

Esses pequenos pontos destacados servem para demonstrar que o professor precisa estar atento e selecionar aspectos mais essenciais e coerentes, nos livros didáticos, para trabalhar no ensino fundamental e dar ao ensino da gramática um sentido mais dinâmico e mais vivo.

7.

PROFESSORES E LITERATURA

Marta Morais da Costa
Alice Áurea Penteado Martha

Num exercício dialético provocador, Marta Morais da Costa analisa, em "Velhos assuntos, caras novas", *Pedagogia profana*, de Jorge Larrosa, cuja preocupação é indagar e propor uma mudança radical na relação entre o professor e o aluno, chegando à profanização do trabalho docente. Em "Mudança de hábito", de Alice Áurea Penteado Martha, representações do professor na literatura infanto-juvenil são abordadas, focalizando a passagem de um professor idealizado para uma imagem completamente invertida, numa operação de desmonte de uma figura estereotipada e francamente utilitária, com base em vários exemplos de livros conhecidos.

Velhos assuntos, caras novas

Os livros são como os rios: jamais mergulhamos neles do mesmo modo mais de uma vez. Aliás, como tudo na vida. Mudamos e somos mudados pelos minutos que nos acrescem e devoram. Não poderia ser diferente na mais velha profissão do mundo, que não é em absoluto a prostituição. Quando Eva experimentou o fruto da árvore do Conhecimento do Bem e do Mal imediatamente quis compartilhar o que aprendera com o homem. Adão foi o primeiro aluno sobre a face da terra. E Eva, a padroeira de todos os professores, sábios e sedutores.

Do brilho e odor da maçã nasceram nossos suores e nossa alegria.

O exercício da profissão educacional transformou-se na busca incessante de recuperação da fruta simbólica, capaz de recolocar o professor no Paraíso, preferencialmente ladeado de anjos aprendizes.

Nesse processo de ascensão é imprescindível a leitura de breviários e a obediência aos ensinamentos de mestres espirituais. Guiado por eles, o professor descobre a longa escada que liga o terreno ao etéreo.

Consideramos por um instante que uma dessas leituras, de cujo mergulho retorno mais uma vez, modificada, se intitula *Pedagogia Profana: danças, piruetas e mascaradas*, uma antologia de estudos realizados entre 1994 e 1998 por Jorge Larrosa, professor do Departamento de Teoria e História da Educação de Barcelona. Em lugar de conduzir o leitor pela mão através dos meandros da palavra, Larrosa ousa abandoná-lo à própria sorte numa intrincada rede de citações, de trocadilhos, de aliterações, de refinadas construções lexicais, de insistente análise etimológica dos vocábulos, de metaforização constante, e orquestra um esplêndido baile erudito, em que o leitor é convidado a criar os próprios passos e evoluções coreográficas.

Em lugar do tradicional compêndio de reflexões e metodologia *Pedagogia Profana: danças, piruetas e mascaradas* se anuncia já na apresentação como um texto transgressor: "o discurso pedagógico dominante, dividido entre a arrogância dos cientistas e boa consciência dos moralistas, está parecendo impronunciável. As palavras comuns começam a nos parecer sem qualquer sabor ou nos soar irremediavelmente falsas e vazias. E, cada vez mais, temos a sensação de que temos de aprender de novo a pensar e escrever, ainda que para isso tenhamos de nos separar da segurança dos saberes, dos métodos e das linguagens que já possuímos (e que nos possuem)".

Procuro entender essas palavras à luz dos professores que me cercam. Procuro neles a arrogância e a boa consciência. E encontro. Em alguns, a atitude de ouvir as idéias contrárias para rebatê-las ardorosamente e, em argumentos demolidores, ir construindo a *sua* versão, impondo-a pela inflexão autoritária da voz, pela avalanche de palavras, pelo brilho belicoso do olhar. A isso eles chamam debater idéias. Esse comportamento eles adjetivaram de democrático. Mas satisfazem o próprio desejo de poder e de exercê-lo.

Outros, menos visíveis, aceitam de imediato o contraditório e passam a defendê-lo com tanta e tal veemência como se deles tivessem partido os novos argumentos. E estarão prontos logo mais a adotar com igual ardor novos contraditórios. São os modernos de plantão.

Há quem receba o pensamento novo com um muxoxo de desdém, acrescentando com falso ar de sapiência: "Coisa de jovens...". E procuram manter-se assim, imulados e imutáveis, na trincheira de seu conhecimento antiquado.

Raros aqueles que, compreendendo a mutabilidade e finitude de todas as coisas abrem-se para os possíveis do conhecimento e da profissão, acompanhando os erros e acertos das descobertas humanas. Esses sim continuam a andar pelo caminhos do magistério, como diz Larrosa, levando "os olhos para passear", procurando entender "a epifania do mundo".

É principalmente com esses últimos que o livro visa a dialogar. Para tanto, empreende a demolição de alguns preconceitos enraizados em nosso imaginário profissional. A começar, pelo conjunto de assuntos e temas estudados. Os textos apresentam uma abordagem poética de escritores e escritos: Jean Jaques Rousseau e Peter Handke, em especial. Mas não se trata de escrever sobre eles no formato de uma análise tradicional. Larrosa constrói um bem elaborado sistema de referências culturais e de múltiplas formas discursivas de apresentação. Cria, assim, uma rede de intertextualidades e aproxima-se com freqüência do discurso literário ao tecê-la. Sem perder de vista a pedagogia mais fundamental, a que ensina "como se chega a ser o que é", título de um de seus segmentos ensaísticos. Elabora uma refinada crítica sobre o romance (impropriamente traduzido como novela, num evidente descuido ou desconhecimento terminológico do tradutor) de formação, mostrando como ele transforma o conteúdo – a pedagogização do amadurecimento- numa leitura criativa e instigante, que a escola, via de regra, não consegue realizar.

Há um primoroso pequeno capítulo – "Elogio do riso"- em que, seguindo a linha de Georges Snyders, prega uma pedagogia menos formalista, menos carrancuda, mais libertadora e dialética, sem deixar de ser educativa.

O que está presente o tempo todo é a contestação de estereótipos de leitor e de professor. Em primeiro lugar , o professor que não fica restrito a um conjunto de textos específicos sobre a profissão mas é chamado a absorver o aspecto pedagógico de cartas, romances, ensaios, biografias. Além disso, o professor, no papel de leitor, torna-se triplamente responsável pelo texto que seleciona e lê aos alunos. "O professor lê escutando o texto, escutando-se a si mesmo e aos outros. O professor lê escutando... o silêncio daqueles com os quais se encontra lendo. A qualidade de sua leitura dependerá da qualidade dessas três escutas".

Trata-se de uma concepção socializadora da leitura, de vez que troca o espaço do individual e da autoridade professoral para se converter num processo de responsabilidade humana, histórica e social.

Depois desse estágio da leitura, o leitor se compraz em transformar o lido em outros textos, num exercício de escrita própria, criativa, poética. Passa de leitor a escritor. Além disso, o leitor competente, capaz de articular informações, poesia, filosofia, artes e ciências numa impressionante articulação, concretiza o que denominamos na escola "leitor crítico", mas que nem sempre somos capazes de formar ou construir.

Por último, e talvez mais importante, está a profanização do trabalho docente. O subtítulo do livro exprime bem em que consiste essa atitude profana: dançar, ser capaz de dar piruetas, usar e desvestir máscaras. Transformando essas metáforas em linguagem pedagógica – no sentido tradicional – vamos encontrar uma representação mais humanizada e mais lúdica do professor, sem deixar de ser profunda e amplamente competente. Uma imagem feita de descobertas, de surpresas, de metamorfoses.

É um livro construído para indagar e propor uma mudança radical na relação entre o professor e o aluno: "Uma imagem do totalitarismo: o rosto daqueles que, quando olham para uma criança, já sabem, de antemão, o que vêem e o que têm a fazer com ela. A contra-imagem poderia resultar da inversão da direção do olhar: o rosto daqueles que são capazes de sentir sobre si mesmos o olhar enigmático de uma criança, de perceber o que, nesse olhar, existe de inquietante para todas as suas certezas e seguranças e, apesar disso, são capazes de permanecer atentos a esse olhar e de se sentirem responsáveis diante de sua ordem: deves abrir, para mim, um espaço no mundo, de forma que eu possa encontrar um lugar e levar a minha voz!"

Não é essa a maior ambição de um educador: dar condição de voz e vez ao educando?

Mudança de hábito

Se a construção da figura do professor na produção literária dirigida aos adultos nem sempre foi idealizada, como se pode rapidamente verificar pelas imagens de mestres em obras como *Memórias póstumas de Brás Cubas*, de Machado de Assis, *Memórias de um Sargento de Milícias*, de Manuel Antonio de Almeida e *O Ateneu*, de Raul Pompéia, citando só os mais conhecidos , o mesmo não se pode afirmar em relação à sua representação na produção destinada ao público infanto-juvenil. O caráter explicitamente utilitário, predominante na emergência do gênero no Brasil, pode ser responsabilizado pela visão estereotipada tanto do professor como do aluno e da escola nos textos destinados aos jovens leitores em formação, notadamente, se considerarmos as relações intrínsecas entre essa produção e a instituição escolar.

Ao lado de imagens grandiosas sobre a pátria, sobre a mãe e sobre os símbolos nacionais, ou, ainda, de sentimentos como a amizade e a solidariedade, escritores como Figueiredo Pimentel, Francisca Júlia, Júlia Lopes de Almeida, Olavo Bilac e Tales de Andrade, entre outros, transformaram os mestres em símbolos da abnegação, da perseverança, da humildade, do saber, da nobreza de alma. Enfim, um prêmio que essa produção comprometida ideologicamente concedida à figura do professor pelo papel de coadjuvante no processo de propagação de seus preceitos. A essa imagem idealizada, os pequenos discípulos deviam respeito e admiração, como se pode observar no excerto de *Histórias de nossa terra*, de Júlia Lopes de Almeida: "E como é paciente a minha professora! Também por isso todos nós lá do colégio e amamos muito. As vezes é certo que a fazemos exasperar-se....há crianças tão endiabradas! Co a sua voz já enrouquecida, ela grita, zanga-se, mas.... nunca a sua mão ameaçou ninguém nem de um beliscão! A verdade é que bem os merecemos ás vezes! Também, quando ela faz uma preleção, é tal o nosso silêncio que, ao termina-la, ela olha para a gente com um daqueles sorrisos que parecem dizer: obrigada!" (Rio de Janeiro: Francisco Alves, p.43). À imagem da professora correspondia à da mãe: a paciência com as crianças e a dedicação à docência deveriam provir da vocação, da tendência inata para o ensino, reconhecida como naturalmente adequada às mulheres por sua proximidade com a maternidade. Os alunos deveriam ser sua família, a escola, a continuidade do lar! A severidade, longe de ser um defeito, um objetivo a ser alcançado.

Entretanto, sinais de desmonte da imagem idealizada podem ser observados já em Monteiro Lobato, com Dona Benta personificando a professora que, ao contrário daquela que detinha o saber, ensina mas aprende, e muito, com seus netos/discípulos. Interessante ressaltar como Lobato, valendo-se da figura de uma velha senhora, imagem propícia a manutenção do status quo, em vista da valorização do matriarcado na educação, reverte os velhos esquemas que sustentavam ideologicamente a escola tradicional. Sempre disposta a aprender mais e, de preferência, vivenciando as situações, em *Reinações de Narizinho*, Dona Benta aceita o convite das crianças para conhecer o país das fábulas: "A idéia de conhecer pessoalmente o Senhor da La Fontaine virou duma vez a cabeça da velha senhora. Três dias passou a pensar naquilo, vai, não vai, sem ânimo de decidir-se. Pedrinho, porém, tanto insistiu que...! – Vou, menino, vou! – disse ele afinal (São Paulo: Círculo do livro, s/d, p. 285). Na esteira de Dona Benta, a professora de horizontologia, em *A fada que tinha idéias*, de Fernanda Lopes de Almeida, mudou seu comportamento e, sem se lembrar de *pensar se era proibido* ou não, passa a ministrar aulas práticas no horizonte, como desejava Clara Luz.

Já a figura conservadora de Dona Eunice, a professora particular de Maria, em *Corda Bamba*, de Lygia Bojunga Nunes, é demolida pela visão da menina, que se fixa nos pormenores ridículos da caracterização da professora, sejam eles físicos ou psicológicos: "O olho de Maria foi procurar o número da página mas encontrou a mão da Dona Eunice no caminho. Dedo cheio de anel. E cada unha grande assim, pintada de vermelho escuro. A unha do dedo que aponta ficava puxando uma pelezinha que tinha do lado da unha do polegar." (10. ed. Rio de Janeiro: Agir, 1987, p.51). Em nenhum momento Maria conclui que a professora é obsessiva, autoritária e que não possui o menor jeito para ensinar, mas, por meio da repetição de suas atitudes e de elementos do discurso, o leitor pode inferir isso, elaborando uma imagem negativa de Dona Eunice. Em *Desculpe a nossa falha*, de Ricardo Ramos, uma narrativa que trata exatamente do cotidiano de adolescentes na escola, o narrador destaca, como personagens secundárias, dois grupos de professores. De um lado, Loyola que, à semelhança de pessoas comuns, revela contradições, cometendo erros e acertos na vivência do processo educativo; já a representação de Eduardo, o professor de Biologia, é marcada por traços negativos: "Preto e branco, da água para o vinho. Tanto quanto Loyola era gente boa, interessado, paciente, discreto, Eduardo era uma peste. Autoritário, atacado, falador. Um maduro, outro jovem. E justamente o moço parecia horrível, pois variava nas suas maneiras: com os diretores, uma flor; os alunos, com casca e tudo. Além do mais, tinha espinhas e dava a impressão de sujo" (10.ed., São Paulo: Scipione, 1994, p. 45).

É, porém, em *Sangue fresco*, de João Carlos Marinho, que se pode encontrar uma inversão total da imagem idealizada, em que a ironia e a sátira podem ser responsabilizadas pela construção de uma figura de professor avessa aos estereótipos de bondade e nobreza. Na primeira apresentação de Jandira, professora de Estudos Sociais, o narrador ressalta sua beleza e simpatia, enfatizando, com a descrição detalhada da reação dos meninos, que assobiam e produzem barulhos significativos com a boca, à sua chegada na sala, o relacionamento aberto e ligeiramente exagerado entre mestra e discípulos, ocorrendo a ruptura do distanciamento exigido para a manutenção da ordem e do decoro devido entre alunos e mestre: Jandira quebra todos os protocolos da imagem tradicional da professora, substituindo o modo de trajar discreto e as maneiras recatadas pela aparência sensual. Além da beleza, o narrador valoriza também a inteligência da professora: "E deu aula sobre o café, e falou tão como se deve – vejam o que é a formosura parelhada na inteligência – que todo mundo ali, até o coitado do Generoso, saiu doutor em café, enciclopédia de café, São Tomaz de Aquino do café" (12.ed., São Paulo: Global, 1990, p. 31). A referência à professora, embora aparentemente gratuita, sem sentido nesse momento da narrativa, ao mesmo tempo em que recupera aquela imagem da professora ideal, amiga dos alunos e de muito saber, enfatiza a sensualidade, atributo considerado anteriormente como incompatível com uma profissão muito próxima do sacerdócio e da maternidade, podendo, inclusive, incitar os discípulos à transgressão de proibições. A ênfase nos atributos físicos da professora pode ser indício de suas ligações com o crime, afinal, para o senso comum, tratando-se de beleza, o pecado mora ao lado.

Quando a turma do Gordo já estava há algum tempo no acampamento da empresa estrangeira, especializada em seqüestro de crianças para "extração" e comércio de sangue, vendido a peso de ouro como elixir da juventude, a professora ressurge na intriga, apenas de passagem, agora como esposa do chefe dos bandidos, sem manifestar qualquer traço de preocupação pelo bem-estar, pela integridade física de seus alunos, pelos quais deveria, em tese, ser responsável. Na chegada ao acampamento, o narrador, acompanhando a perspectiva das crianças, focaliza o aspecto quase sensual da jovem: "A professora Jandira estava luminosa, vestia uma saia-calça azul claro, de tecido ana-ruga, uma blusinha esporte do mesmo tecido, chapéu e bolsa de palha, três correntinhas de ouro de diferentes tamanhos no pescoço e um enorme rubi vermelho no dedo anular da mão esquerda" (idem, p. 66). A mudança de hábito revela indícios da substituição do retrato da mestra abnegada e assexuada pela imagem da *tiazinha*.

8.

DOIS FUNDADORES: LOBATO E BOJUNGA

Marta Morais da Costa
Carlos Erivany Fantinati

A obra *Memórias da Emília*, de Monteiro Lobato, é o objeto do artigo "Trapaças no discurso memorialístico de Emília", em que Marta Morais da Costa demonstra, através de atitudes e de fragmentos da fala da boneca, a atualíssima concepção de que a verdade é uma construção discursiva. A mesma autora estuda também a obra daquela que é considerada uma das grandes herdeiras do extraordinário projeto literário criado por Lobato: Lygia Bojunga Nunes. Em "Narrar e criar: Lygia Bojunga Nunes", Marta Morais da Costa procura demonstrar que, desde a primeira obra, a escritora gaúcha revela o domínio magistral de diferentes estratégias narrativas. Constatando que a capacidade da escritora em romper com esquemas e o trabalho audacioso que efetua com a linguagem têm afastado sua literatura da escola, a mesma Marta, no artigo "Por que ler Bojunga?", elenca algumas das razões pelas quais a obra bojungueana deveria ser lida. Dentre elas, destacam-se a complexidade e a humanidade de suas narrativas; o espaço concedido ao leitor para penetrar na obra, comovendo-se e questionando ao mundo e a si mesmo; a exploração simples, livre e enriquecedora da linguagem. Finalmente, Carlos Erivany Fantinati apresenta uma leitura de A *bolsa amarela*, no artigo "O terrível e o seu conserto", que focaliza as duas tendências polares e complementares da socialização do homem: a integração e a diferenciação, representadas pelas atitudes dos galos Terrível e Afonso.

Trapaças no discurso memorialístico de Emília

Nas ondas do humor e da irreverência podem navegar as mais sérias reflexões. Um dos mestres da literatura brasileira que conseguiu harmonizar esses opostos foi Monteiro Lobato. O oceano de histórias criadas para o leitor infantil foi o leito adequado onde repousaram seu pensamento e sua vocação tribunícia, seu engajamento na utilidade social da literatura e a crença na importância do imaginário. Cabe a nós, leitores, tal qual príncipes encantados, despertar esses valores ao mergulharmos nessas águas generosas. É da *República do Picapau Amarelo* – feliz denominação criada por André Campos – que desejamos ser cidadãos. Nossa certidão de nascimento é lavrada quando da leitura de um primeiro texto lobatiano. Ganhamos então terra, família, valores e sonhos. Aderimos prazerosamente a um governo e a uma sociedade que nos espelham em qualidades e defeitos. Nessa república, foi abolida a linearidade temporal e os habitantes vivem numa estranha faixa etária circular, a de criança–adulto–criança. Nessa estranha região, dominada por uma temporalidade insólita e construída pela palavra escrita, todas as coisas se remexem do lugar, porque o sítio reproduz em miniatura o sertão rosiano.

A estranheza e a mobilidade ganham estatuto de verossimilhança por força de uma química bem-sucedida em que a ficção – o Sítio do Picapau Amarelo, as personagens e acontecimentos narrados – é somada com as reais tensões da sociedade brasileira – o multirracismo, a tradição, a identidade nacional, a política e a economia em transformação, a educação escolar e familiar. Sobre os pilares do insólito, do mutável e do real apóia-se o texto de *Memórias da Emília*.

Esta narrativa inicia-se por uma questão discursiva: o que é um livro de memórias? seu narrador não deve ser um velho? Para D. Benta, se o tempo desse tipo de narrativa deve abranger do nascimento à morte do narrador, elas devem ser póstumas. Contrapondo-se à esta lógica temporal, Emília retruca, com lucidez: "não pretendo morrer. Finjo que morro, só. As últimas palavras têm de ser estas: 'E então morri...' com reticências. Mas é peta. Escrevo isso, pisco o olho e sumo atrás do armário (...) Será a única mentira das minhas Memórias."

O trapacear com o leitor tem a ver diretamente com dois aspectos: o primeiro demonstra o poder da ficção em elaborar mentiras semelhantes à realidade; o segundo aponta para a atualização de um discurso modelar memorialístico já que as memórias podem – e estão – recheadas de falsidades. Estão criadas as condições para induzir o leitor às armadilhas textuais – *uma peta*.

A trapaça se amplia quando Emília nomeia como secretário o Visconde de Sabugosa, convertido logo adiante no narrador das memórias da boneca. Quebra-se um requisito fundamental desse discurso: memórias não são biografia, e sim autobiografia.

A argamassa do edifício narrativo das *Memórias da Emília* utiliza uma concepção bastante atual de verdade. Monteiro Lobato antecipava, nesta obra de 1936, questões recentes. A história, enquanto narrativa, deve obedecer às leis da escrita ou às da realidade? Até que ponto o narrador interfere no acontecido e lhe dá uma nova conformação? A busca do efeito impressivo no leitor não demanda uma alteração da realidade?

Memórias da Emília é obra escrita para contestar modelos e para demonstrar o poder da palavra sobre a realidade. Prestemos atenção à fala da boneca:

> Quem escreve memórias arruma as coisas de jeito que o leitor fique fazendo uma alta idéia do escrevedor. Mas para isso ele não pode dizer a verdade, porque senão o leitor fica vendo que era um homem igual aos outros. Logo, tem de mentir com muita manha, para dar idéia de que está falando a verdade pura.(...) Verdade é uma espécie de mentira bem pregada, das que ninguém desconfia.

Sobre este terreno filosófico movediço estão assentados os acontecimentos narrados no livro. Até mesmo um sonho passa a ser tratado como um fato: Emília deseja tornar-se uma estrela de Hollywood e para isso constrói uma narrativa à qual dá um tratamento de veracidade. Ao ser desmentida pelo Visconde, obriga-o, sob a ameaça de arrancar-lhe as palhas, a continuar narrando o sonho dela. O narrador torce a intenção inicial da boneca e constrói uma narrativa de vingança. Ao descobrir esse procedimento, Emília retoma a narração e lhe dá um final que a beneficia: somente ela torna-se estrela cinematográfica e o Visconde é atirado à lata do lixo. A boneca conclui o relato com o descaramento habitual: "Tudo quanto vi em sonho foi exatamente como acabei de ditar (...) foi o que aconteceu."

Esta simbiose perfeita entre o real e o imaginado tem a ver com a concepção do universo de narrativas do Sítio do Picapau Amarelo. Saíram do rico imaginário lobatiano para reinarem no imaginário do leitor enquanto uma *possibilidade do real*. Esta possibilidade é o alicerce da arte da escrita.

O leitor conclui a leitura com a imagem multifacetada de Emília: há a visão crítico-depreciativa do Visconde e a imagem idealizada e pseudoconfessional da boneca. A protagonista rompe o critério da unidade, assim como a alternância de narradores havia rompido com a unidade estilístico-narrativa. O tempo se multiplica, de vez que temos o passado de alguns episódios, a atemporalidade do sonho e os conflitos no tempo presente da escrita entre o Visconde e Emília, além do presente contínuo da trama, da narração.

Multiplicam-se, enfim, as faces da realidade, alterável pelas intenções e pelo estado de ânimo do(s) narrador(es), desvendados pela própria narrativa: são memórias imaginárias de um ser manipulador do real e contadas declaradamente como uma *peta*.

Emília se despede após dizer "asneiras, filosofar e fazer avaliações pessoais". Como Brás Cubas, narrador de *Memórias Póstumas* se despediu do leitor com um *piparote*, assim Emília, personagem clownesco, arremata seu texto: "Respeitável público até logo (...). Se gostaram delas, muito bem, Se não gostaram, pílulas. Tenho dito."

Somente quem conhece bem a força do fascínio dessa boneca atrevida, de olhos de retrós, é capaz de engolir essa doce pílula de ousadia e (falso) desprezo. Seja dita, Emília.

Narrar e criar: Lygia Bojunga Nunes

O espaço se faz pequeno para tratar do narrador na obra de Lygia Bojunga Nunes, que se estende ao longo de 20 anos (1972-1992) e resultou em 13 livros de ficção, duas peças teatrais e um processo de narração capitaneado por um narrador moleque que negaceia, trapaceia, se multiplica e se metamorfoseia.

Procurei no livro de estréia - *Os Colegas* (1972) - descobrir possíveis marcas de imaturidade da escritora no trato com a linguagem ficcional. Frustrei-me. A 3.ª pessoa, que enuncia a fábula, se oculta em alguns momentos para que outros narradores apareçam: as personagens, ousadamente, assumem o lugar do narrador, contando suas histórias, escrevendo bilhetes, revelando planos secretos. Nem mesmo a mais constante voz centralizadora, o narrador em 3.ª pessoa, se mantém unitária: cria notas de rodapé explicativas, carregando a narração para espaços fora da mancha habitual da página, obrigando o leitor a uma inusitada dinâmica visual e a uma interrupção no fluir temporal da narrativa. A obra de Lygia Bojunga já nascia sob o signo da ruptura.

Em *Angélica* (1975), este procedimento de intercalação de narrativas se intensifica. E se torna mais complexo. O narrador segmenta sua enunciação para não apenas narrar partes complementares da fábula como para revelar opiniões e dar conselhos, em rodapés instigantes, como: "a gente é assim mesmo: tem coisas que a gente já nasce sabendo" (p.42). Ele abandona sua posição de enredador da história para vir a se tornar companheiro do leitor e das personagens, como o revela o segmento "a gente".

Mais ousadamente, o narrador se inclui na narração, vestindo a pele da personagem Explicador na peça teatral que recheia a narrativa de *Angélica*: ele passa a ser personagem, cenógrafo, marcador de tempo, dono dos pensamentos das outras personagens. A passagem do discurso ficcional ao dramático se concretiza nessa substituição da voz do narrador pela fala da personagem individualizada. Ao mesmo tempo em que encarna o papel do narrador, o Explicador recupera a dimensão utilitária das narrativas tradicionais, pois termina sua aparição dando conselho aos leitores/espectadores, o que caracteriza, segundo Walter Benjamin, o narrador clássico. Convivem, portanto, em *Angélica*, a ruptura e a tradição.

Lygia Bojunga Nunes não esconde sua ligação com o palco. Como em *Angélica*, *Nós Três* (1987) e *O Meu Amigo Pintor* (1987), transformam-se em textos independentes, estruturados como peças teatrais (*Nós Três* e *O Pintor*, respectivamente). Nelas, o narrador da ficção é apagado, pois gêneros diferentes exigem discursos diferentes. O que era narração se transforma em diálogos, gestos, reminiscências. Diferentemente da experiência anterior, nessas duas peças não há um Explicador. A narrativa flui e se concretiza unicamente num discurso que combina diálogos e rubricas, respeitando o formato dramático que converte o narrador da ficção numa entidade organizadora e designativa, sem voz.

Já a denominada "trilogia-do-livro" - que inclui *Livro: um encontro com Lygia Bojunga Nunes* (1988), *Fazendo Ana Paz* (1991) e *Paisagem* (1992) - é narrada toda em 1.ª pessoa. Retoma o tema da criação literária desenvolvido com maestria no conto "A troca e a tarefa", integrante do livro *Tchau* (1984). No prefácio a *Fazendo Ana Paz*, intitulado "Caminhos", a autora esclarece a intenção da trilogia, referindo-se à ordem de publicação: "no primeiro eu tinha falado da leitura e no segundo da escrita, agora eu queria, nessa terceira parte, misturar uma com a outra" (p.10).

Em *Livro*, autor empírico, autor implícito e narrador aparecem de tal forma colados que o texto assume declarado caráter autobiográfico. Nele se descreve a trajetória de Lygia Bojunga no mundo dos livros, da sua experiência como leitora até se tornar uma premiada criadora de textos. O narrador nesta obra soma ao depoimento a configuração de um expositor de conceitos e de valores.

Ana Paz consegue distanciar o autor empírico, permitindo ao narrador absorver a personagem-escritora que transita à vontade pela história da criação de Ana Paz ao longo dos anos, de menina a avó. O texto narra o modo como, independente da vontade do escritor e desorganizadamente, as personagens se apossam da narrativa. Ao recorrer à fragmentação e ao entrelaçar os tempos da fábula, o narrador retira do narrado o caráter dissertativo e/ou argumentativo de uma exposição sobre a maneira como um escritor cria suas personagens e permite à narrativa assumir integralmente o tom ficcional.

Em *Paisagem*, o narrador, colado à personagem Escritora, se dedica a interrogar os mistérios responsáveis pela quase mística ligação entre o autor e seu leitor. Lourenço, o leitor, tem com a Escritora o mesmo "caso de amor" que o narrador de *Livro* afirmara viver com Lobato, Dostoiévski e Rilke. Esse caso de amor é capaz de criar um enigma, decifrável apenas pelo trabalho meticuloso do narrador em busca da fonte primeira de onde emergem as imagens ficcionais: a linguagem. Visual ou verbal, sempre carregada de afetividade e imaginação, é ela que permite a união indissolúvel entre o autor, a obra e seu leitor.

Enfim, a trilogia representa, da perspectiva do narrador, a trajetória do biográfico ao ficcional, a passagem do *eu-vivido* ao *eu-narrado*, da experiência à criação, do depoimento à indagação, do narrador herdado da tradição que narra o Outro ao narrador que narra a si mesmo no ato de narrar.

Essas diferentes estratégias narrativas fazem parte indissociável da alta qualidade literária da obra de Lygia Bojunga Nunes.

Por que ler Bojunga?

Meu primeiro encontro com a obra de Lygia Bojunga Nunes foi à beira-mar. Guardado na estante de uma banca de revistas, e à minha espera, estava um já empoeirado exemplar de A *bolsa amarela*. Leitura de praia é para ser sem compromisso. Não aquela. Raquel e suas três vontades me fizeram esquecer do mar.

Como é que o prazer de descobrir a realidade, casada tão naturalmente como o imaginário, pode ser tão intenso? Como pode uma escritora criar uma fase tão elaborada ao mesmo tempo tão simples? Homens, animais e objetos interagiam com a naturalidade do fictício que aponta o real. Era como se a literatura que me diziam ser "infanto-juvenil" e que eu conhecera até o momento, não passasse de ensaios de texto, de rascunhos, de tentativas ainda incipientes.

Muito ouvi falar dos textos de Lygia B. Nunes após esse dia. Bem demais. Mal de menos. Mais ou menos. Enquanto a crítica se lambuzava em elogios com os adjetivos melados de admiração, nas salas de aula os professores hesitavam:

– O texto é muito bom, mas as crianças não gostam.

– A mensagem é complexa demais para meu aluno.

– Não sei como trabalhar com esse tipo de texto.

Meus botões replicavam confundidos:

Como é que pode? Terei lido como pessoa adulta? Mas a literatura, quando arte, tem idade? É possível convencer outros leitores a se entregarem a esta obra?

Pensei e persegui as respostas. Não ia fazer como o tatu Vitor: cavar e me esconder. Lendo trechos, orientando trabalhos, esmiuçando fragmentos, cobrando opiniões, fui, lentamente, chegando às respostas.

A escola tem perseguido o objetivo de criar o "hábito" de ler, bancário, quantitativo, colorido e repetitivo. Na ânsia de atender ao que considera o gostar da leitura – traduzido por rir, não ser incomodado, não ter muito trabalho mental – professores têm se limitado a espessuras convidativas (não mais que 32 páginas), a ilustração figurativas e carnavalescas no excesso de cores, a textos que se preocupem, sobretudo, em ensinar o já sabido ou o trivial em divertir sem questionar. Fica difícil de reconhecer nessas características os textos de Lygia B. Nunes, sempre rompendo esquemas, abrindo caminhos e propondo audácias de linguagem e leitura. Eles exigem um leitor ousado, aberto, buscando densidade.

Hoje enfrento com maior clareza questões como: por que ler *Corda bamba*? Por que encenar *O pintor*? Por que trabalhar com *O sofá estampado*?

Porque são narrativas *complexas*: repelem a mesmice, a sensaboria, a trivialidade. Porque são profundamente *humanos*: falam do ciúme, da desumanização, da amizade, da solidão, da busca pertinaz da identidade, do amor, de encontros e desencontros. Porque não tratam *o leitor* como um alfabetizando: propõem leituras verticais e em várias direções, usam a língua portuguesa com liberdade e carinhosamente, brincam com ela sem lhe faltar ao respeito, mostram sua maleabilidade, a riqueza de recursos e a arte brotando da simplicidade.

Porque são narrativas que *questionam o mundo e o leitor*, na raiz mesma de suas contradições e desejos. Por que são capazes de, por razões diversas, *comover* adultos e crianças, irmanado-os, embalando-os em ondas de sensibilidade, beleza e significação, como só a melhor literatura sabe fazer.

Procure, enquanto leitor, "penetrar no reino das palavras" de Lygia sem esquemas e/ou preconceitos. E, movidos pela qualidade dos textos e de sua leitura, conte às crianças e aos jovens as belezas que você descobriu. Eles vão gostar de ouvir. E de ler.

O terrível e o seu conserto

Em A *bolsa amarela*, há dois espaços, onde se configuram dois tipos contrastantes de organização social, cuja compreensão é importante para se entender, entre os muitos sentidos da obra, a concepção aí existente sobre o processo de socialização do ser humano. Refiro-me aos espaços do galinheiro e da casa de consertos.

No galinheiro, os anônimos donos determinam e prescrevem autoritariamente os papéis individuais a serem desempenhados pelos seus habitantes desde o nascimento, coibindo de maneira coercitiva tendências que contrariem a internalização pelo indivíduo da função que lhe foi prefixada. O exemplo extremo dessa rígida determinação externa do ser é a personagem Terrível. Predestinado a ser galo de briga, não lhe é permitido satisfazer minimamente outros desejos, como o de amar uma franga ou ter amizades com outro galo. Manifestações desse teor são tidas pelos donos da ordem como rebeldes e reprimidas num grau crescente de intensidade que culmina com uma intervenção em seu cérebro. Costuram-no com linha forte para aprisionar todos os comportamentos indesejáveis e deixar livre uma única e monótona idéia: a da necessidade de sempre vencer todas as brigas. Redução uniforme do comportamento e da linguagem refletem a monotonia da personagem, ajustada pela força à organização social do galinheiro.

Semelhante processo coativo está reservado ao primo de Terrível, o belo galo Rei, que prefere trocar o título majestático com que é chamado pelo singelo nome de Afonso. Programado para ser um galo "tomador-de-conta-de galinha" (p.36), papel desempenhado desde sempre por seus ancestrais masculinos, Afonso desgosta da função que lhe é atribuída e foge. Recapturado, defende a idéia de um "galinheiro legal", com "todo mundo dando opinião, resolvendo as coisas, achando furada essa história de um galo mandar e desmandar a vida toda (...) (p.35-6). Denunciado pelas galinhas aos donos do galinheiro, é novamente preso, fugindo a seguir. Esconde-se permanentemente, como um marginal, atrás de uma máscara para escapar à perseguição que lhe movem e preservar suas concepções, ao mesmo tempo que busca uma idéia em prol da qual deva lutar. Encontra-a, finalmente, transformando-a no seu projeto de vida: "sair pelo mundo lutando para não deixarem costurar o pensamento de ninguém" (p.94). Embora escape das determinações diretas dos donos do galinheiro, afirmando a sua diferença na oposição, Afonso é, em última instância, moldado na sua peculiaridade antagônica por aquela realidade social, que lhe reduz também comportamento e linguagem.

Nas determinações das funções sociais a serem desempenhadas pelos dois galos – Terrível e Afonso -, bem como em suas ações individuais em relação a elas, Lygia Bojunga Nunes transpõe para o plano ficcional as duas tendências extremas, opostas e complementares, presentes no processo de socialização do ser humano: *a integração* e a *diferenciação*. O galo Terrível resume já em seu nome a deformação radical sofrida por um indivíduo submetido a um processo totalitário de integração coercitiva a um papel imposto pela sociedade, que reprime e anula todas as vontades que se contraponham à determinação coletiva. Já o galo Afonso representa a tendência oposta – a diferenciação – levada também ao extremo. Ao fugir da uniformização autoritária do galinheiro, Afonso afirma-se como um inadaptado, um diferente, que só se realiza na inversão do sinal do processo agregador que marca aquela organização social. Ao "pensamento costurado" da ordem, responde ele, ao fim, no pólo oposto e simétrico, pela luta contra essa ordem, como forma de marcar sua diferenciação pessoal e sua condição de marginal militante.

Em contraposição a esse espaço social do galinheiro que gera no processo de socialização tipos sociais polares agregados ou inadaptados, A *bolsa amarela* contém ainda outro espaço de formação e convivência social: "A casa dos consertos" (p.96-101). Nela, as quatro personagens que lá moram vivem a curtição de um compromisso instável entre as tendências integradoras e diferenciadoras ou um feliz equilíbrio provisório entre as solicitações coletivas dos valores comuns do grupo e os reclamos das peculiaridades e diferenças individuais. Os terríveis produtos de ordem social do galinheiro para entrar nessa nova ordem social necessitam passar por um conserto à semelhança do que acontece com um cachorro monomaníaco:

– E o cachorro pendurado? Também tá lá para consertar?

– Tá sim.

– O que é que ele tem?

– Um grilo esquisito: só pensa em morder os outros. A gente vai ver se conserta o pensamento dele pra fazer ele pensar outros troços também. (p.101)

9.

A POESIA, A OFICINA E O RIO

Alice Áurea Penteado Martha
José Batista de Sales

Em "Oficina de leitura de poemas", Alice Áurea Penteado Martha, numa visada panorâmica, propõe um roteiro para a montagem de uma oficina para a leitura de poemas dirigida ao ensino fundamental, baseada no Método Recepcional, de Bordini e Aguiar. Em "A poesia da narrativa", José Batista de Sales, por sua vez, concentra-se em uma única obra, de requintado trabalho literário, E*ra uma vez um rio*, de Martha Azevedo Pannunzio, para discorrer sobre as peculiaridades do discurso poético.

Oficina de leitura de poemas

A leitura e interpretação de poemas tem sido, ao longo do tempo, a pedra no meio do caminho de muitos estudantes, não só de Ensino Fundamental e Médio, mas, sobretudo, e o que é mais sério, de alunos dos Cursos de Letras. A dificuldade torna-se mais evidente quando se constata também, por meio de cursos de extensão, o receio de professores em trabalhar com poesia na sala de aula, configurando-se, então, o círculo vicioso, responsável pelo distanciamento entre a escola e o gênero. Assim, se indagássemos "quem tem medo da poesia na escola?", acabaríamos concluindo que todos têm: o aluno, porque vê no poema barreiras intransponíveis, construídas por fenômenos como métrica, rimas, onomatopéias, aliterações, entre outros, transformados em instrumentos de tortura pela escola; o professor, porque também se aflige só em pensar em escansão, em metáfora (ou alegoria? ou metonímia? ou ...?), angustiado porque não encontra saída para um bom desempenho com a poesia em sala de aula. A explicação para esse estado de coisas parece residir mesmo nas relações estabelecidas, ao longo do tempo, entre a escola e a poesia. Relações perigosas, mas fecundas e necessárias, e que podem ser transformadas quando se reconhecem as simplificações de conceitos e os equívocos enfrentados pela poesia nos bancos escolares. O primeiro equívoco deles é a concepção da literatura como instrumento educativo, formador não só no aspecto moral e patriótico, mas ainda como meio de aprendizagem da língua. De semelhante equívoco decorrem problemas com a metodologia e com a seleção de textos para as diversas faixas etárias. Entretanto, uma orientação diferente pode levar professores interessados a promover, realmente, a interação entre seus alunos-leitores e o texto poético, sobretudo, se houver uma concepção diferenciada do objeto em pauta, reconhecendo-lhe a natureza e função, bem como a busca de suportes didático-metodológicos para sustentar um trabalho coerente com sua natureza artística. Assim, a proposta para que a leitura do poema ocorra de modo a preservar suas marcas artísticas e a promover o efetivo entrelaçamento entre leitor e texto é a de oferecimento de *Oficinas de Leitura de Poemas*.

A concepção de oficina relaciona-se intimamente ao fazer, à ação concreta, como instrumento capaz de propiciar o desejado desenvolvimento do sujeito, que só pode ocorrer pelo processo existencial, ou seja, vivendo. O papel do professor, ao oferecer oficinas a seus alunos, é o de criar situações estimulantes, conduzindo o jogo da aprendizagem. O ponto de partida da prática de oficinas nas salas de aula deve ser, portanto, a descoisificação tanto do professor como do aluno, uma vez que não são meros espectadores do que se passa na escola, devendo, ambos, interferir consciente, construtiva e ativamente no processo de aprendizagem. Embasada na experiência da vida, a aquisição de conhecimentos deixa de parecer algo inatingível ou algo caído do céu. Como forma de incentivar professores a uma prática mais interessante com a poesia na escola, sugerimos um roteiro para montagem de uma oficina de leitura de poemas para o Ensino Fundamental, apoiado no Método Recepcional, apresentado por Maria da Glória Bordini e Vera Teixeira de Aguiar em *Literatura: a formação do leitor* (Porto Alegre: Mercado Aberto, 1988), a partir das concepções da Estética da Recepção.

Na primeira fase, a de *Determinação e atendimento dos horizontes de expectativas dos leitores*, o professor deve explorar a relação entre poesia e jogo, criando o clima para a leitura de textos, com atividades que possam determinar e atender ao gosto poético da crianças. A primeira atividade, *Resgate de versos*, pode ser desencadeada pelo professor, ao perguntar "Quem sabe um verso?" Essa questão levará à recuperação de lembranças de brincadeiras sonoras, como brincos, acalantos, trava-línguas, canções de roda, parlendas, adivinhas e lenga-lengas, tão de agrado dos alunos, mas ignoradas pelas atividades escolares. Nesse momento, é importante que o professor incentive as brincadeiras sonoras e imagéticas, propondo jogos sonoros, com a repetição e recriação de rimas e de estruturas, bem como a exploração das formas das palavras, ou seja, como o vocábulo montanha, por exemplo, ao ser escrito, pode tomar uma forma montanhosa. Deve também insistir na marcação do ritmo dos versos, incentivando as crianças a cantar e a bater palmas, realizando, inclusive, coreografias e bailados.

A seguir, as atividades voltam-se para A *urna poética*. O professor solicita aos alunos que tragam para a sala de aula outros versos. O critério da escolha deve ser sempre o do gosto, para que se verifique o atendimento ao horizonte de expectativas dos leitores, proposto pelo método recepcional: versos engraçados, versos tristes, produzidos por eles mesmos, por um amigo, pelo pai, versos novos, versos antigos. O professor deverá contribuir com poemas, pois será uma forma de promover, depois, a ruptura do horizonte de expectativas de seus alunos. O importante é que esses versos sejam copiados ou recortados, para que possam ser depositados em uma urna (uma caixa atraente e fechada), estrategicamente colocada na sala.

Ainda na primeira fase, O *varal de poemas*. Após um número considerável de contribuições, que devem ser constantemente instigadas, os alunos retiram os poemas da caixa, lêem e, se gostarem deles, devem dependurá-los em um varal (ou afixá-los em um mural) já preparado, também em destaque na sala de aula. As atividades de escolher/trazer/ler/dependurar o poema podem durar algum tempo, que deve ser determinado pelo professor, conforme o volume de poemas depositados na urna. Enquanto perdura a atividade, os poemas do varal estão sendo lidos, pois há sempre novidades expostas e, mesmo os já conhecidos, podem ser relidos. Depois dessa fase de leitura, determinada pela dinâmica de cada sala, é possível que todos os poemas tenham ido para o varal, ou que um número considerável deles permaneça na caixa. O professor pode, então, iniciar a discussão, indagando, por exemplo: "Por que alguns poemas permaneceram na caixa?" – "Quem leu tal poema?" Por que você o rejeitou?" – "Todos gostaram de todos os poemas que estão no varal?" – "Quais são os mais interessantes?" – "Por que você escolheu este ou aquele?" Com questões desse tipo e outras ditadas pelo exercício em sala de aula, pode-se, concretamente, observar, despertar e discutir a propalada formação do "gosto" pela leitura da poesia. É possível que um poema, trazido por um aluno apenas para cumprir a tarefa, sem nenhum interesse real de sua parte, permaneça na urna. Pode ser, inclusive, que a escolha tenha sido da mãe, do pai ou de um irmão. Comparando sua contribuição com as demais da caixa, nem mesmo ele gostou dela... É provável que, da próxima vez, para evitar o constrangimento de não ver seu poema no varal, procure um texto que atenda, no mínimo, às suas expectativas. As atividades, nesta primeira fase, devem propiciar condições ao professor de apenas observar a sensibilidade das crianças aos jogos verbais, aos ritmos diferenciados, às particularidades sonoras das palavras, como, também, de determinar o horizonte de expectativas delas em relação à poesia.

Após esse envolvimento individual, os alunos poderão escolher, entre os poemas do varal, aqueles que mais lhes agradaram, formando, então, grupos motivados pelo mesmo interesse. Partindo para A *discussão coletiva*, discorrerão, assistematicamente, a respeito dos aspectos que mais gostaram nos poemas: jogos sonoros, imagens, ritmo, idéias. Ainda não é necessário discutir significados do texto, apenas as sensações, uma vez que o objetivo é somente o contato, até mesmo físico, com o poema. O trabalho em grupo deverá suscitar atividades com gestos, mímicas, pantomimas, jograis, danças, desenhos, painéis, teatro, música, entre outras que a classe julgar interessantes. Os alunos deverão, então, ser incentivados a trazer novos poemas com a mesma temática para a sala e para o grupo. A repetição desta atividade contribui para que os próprios alunos sejam responsáveis pela ruptura de seus horizontes de expectativas, na medida em que acabam trazendo poemas que abordem o mesmo tema, mas de forma diferenciada, seja na estrutura ou no tratamento temático.

Após as atividades com os poemas, pelas equipes, o professor pode, agora, conduzir o processo de modo que os leitores discutam os assuntos veiculados pelos poemas e o tratamento dado a esses assuntos, bem como reconheçam a estrutura e os elementos dos textos poéticos, sempre de modo assistemático, sem a preocupação de regras e conceitos, procurando chegar à fase de *Ruptura das expectativas*. Os alunos devem levantar semelhanças e diferenças entre os poemas que escolheram. O professor, então, tendo em mãos um considerável acervo de poemas, poderá escolher determinado gênero para romper o interesse dos leitores. Se os textos lidos privilegiaram as emoções das crianças, ou suas relações e afetos com bichinhos de estimação, o professor poderá, com novos textos, propor poemas narrativos, ou humorísticos, por exemplo. Enfim, como participante ativo do processo, encontrará a melhor forma de introduzir textos e propor atividades que instaurem novos interesses e desejos em seus alunos. A discussão sobre o fazer poético pode ser ampliada com atividades diversificadas, como entrevistas com poetas cujos textos tenham sido lidos em sala, enviando-lhes as perguntas pelo Correio ou Fax. Os poetas da cidade, conhecidos por um ou outro aluno do grupo, ainda que não sejam os autores lidos em sala, também podem ser entrevistados.

Para cumprir a última etapa do processo, *Questionamento e ampliação do horizonte de expectativas*, após as várias leituras e as inúmeras atividades (que podem ser ampliadas a critério das necessidades e do grau de cada sala), o professor, sempre respeitando as potencialidades de seus alunos, procurará levá-los à observação da eficácia do trabalho, enfatizando que o objetivo foi sempre, em primeira instância, a busca do prazer de ler e sentir o poema. A reflexão oriunda da discussão em equipes poderá ser verbalizada para toda a classe, revelando, inclusive, a necessidade de novas leituras para a transformação do centro de interesses. Para finalizar a oficina, cuja duração dependerá do interesse dos alunos pelas atividades de cada etapa, poderão ser feitas apresentações dos trabalhos resultantes das leituras de textos pelas equipes.

A poesia da narrativa

Era uma vez um rio, de Martha Azevedo Pannunzio (3. ed. Rio de Janeiro: José Olympio, 2002.), trata das *memórias* de Augusto, geógrafo, que, após conhecer boa parte do mundo e tornar-se um pesquisador e professor altamente qualificado, resolve voltar para o Brasil, para, entre outras coisas, salvar o rio de sua cidade natal, rio que é sua primeira grande amizade e o principal motivador de sua profissão. Nesse retorno, ocorre também a volta à infância do protagonista, povoada por emocionantes situações e as mais líricas recordações.

A obra é uma surpreendente realização estética voltada para o leitor juvenil. Sem dúvida, seu sucesso deve-se à habilidade da autora em articular várias vozes à narração, por meio dos chamados recursos poéticos e da prosa mais descritiva e objetiva.

Ao botar no mesmo leito "rio" e "menino", faz confluir a metáfora rio/vida; tempo/infância e de tal maneira, que o leitor pode identificar-se com o menino, no seu tempo, no seu imaginário e, na metáfora da vida, mergulhar num vasto conhecimento. O tempo, portanto, surge como a porta de entrada para a fantasia, propiciada pelo recurso a mais poética, a mais fulgurante linguagem. E, por meio da linguagem poética, com recursos sonoros, rítmicos e visuais, o conhecimento do ser, do mundo, da vida. A realização poética, constitui – se no grande mérito da obra.

O primeiro capítulo é um exemplo da riqueza da linguagem que será desenvolvida no restante da narrativa. Transcrevo-o na íntegra.

> Era uma vez um rio. O meu.
> Era uma vez um menino. Eu.
> (Pannunzio, 2002, p. 13)

É possível, antes da compreensão cognitiva, visualizar a quase total integração da personagem humana (o menino, o narrador) com a natureza (o rio). Pela repetição parcial, um perfeito paralelismo, a primeira oração está 'mergulhada', ou imbricada, na terceira: "*Era uma vez um* rio (1ª) *Era uma vez um* (3ª). Na segunda frase, segunda metade da oração ou do verso, a idéia de imbricação, de integração se manifesta no plano sonoro: *meu/eu*, em que o som /*eu*/ está contido, ou antecipado, no som /*meu*/; e/ou inversamente, o som /*eu*/ da palavra *meu* ecoa na palavra *eu*. Igualmente no plano sonoro, os sons /*i*/ e /*o*/ de *rio* estão presentes na palavra *menino*. Prosseguindo, nota-se, graças à marcação de ritmo curto, seco, o qual corrobora para a força dos sons que se ecoam, observado o extrato fônico, fortalece-se a idéia de integração total entre espaço, tempo, personagem e linguagem específica, nos estratos semântico e temático.

Nestas duas linhas, portanto, está a tônica de toda a narrativa: recursos imagéticos, visuais, sonoros e conceituais, apesar de sua forma telegráfica, concisa; ou especialmente por isso. Trata-se, afinal, de um minúsculo capítulo, o qual pode figurar um olho d'água, a nascente de um rio. Tal metáfora pode nos remeter à imagem de que se trata, portanto, do início da nascente de um livro. De um livro-rio. De uma vida. De uma história que se conta, se canta e se vivencia.

O segundo capítulo traz tudo isso: os dois primeiros parágrafos representam a fala de um menino inseguro para descrever o rio, o seu rio; o terceiro e o quarto trazem descrição mais objetiva e, em seguida um poema de 28 versos, com os mesmos objetivos, porém marcados pela poesia e pela visão infantil do mundo. Transcrevo na íntegra:

> O rio era... era assim... Como é que eu explico?... Era cheio de água. Ai que bobagem, todo rio é cheio de água!... O meu tinha girinos pretinhos na espuma da margem. Tinha peixes pequenos que eu via em cardume, nadando desorientados na beira do barranco: lambaris, piabas, timburés, carás... Creio, aliás, creio, não, tenho certeza absoluta, que ele era igual a todo rio do mundo. Seria? A diferença é que os outros passavam longe, sei lá onde, e o meu passava a três quarteirões da minha casa.
>
> Não era grande nem pequeno. Era médio./ Nem largo nem estreito. Espraiado./ Nem fundo nem raso. Dissimulado./ Nem limpo nem sujo./ Turvo./ Nem veloz nem lerdo. Espevitado./ Nem bom nem perverso/ Guloso./ Nem sábio nem burro./

> Sisudo./ Nem prosa nem mudo. chuá... chuá.../Nenhuma cachoeira por perto,/ garganta nenhuma, / na margem, prainha, /no leito, corredeira e marola, /na curva, uma ilha,/ um rebojo aqui,/ um rebojo acolá.../ Mas tinha uma ponte e a ponte era tudo:/ mistério, perigo, travessia e sonho./ A cidade branca acabava na margem de cá/ e aí, atravessando a ponte,/ uma cidade negra, roceira,/ começava na margem de lá/ e lentamente subia a ladeira./ O que o rio dividia/ a ponte ligava./ De cá gente rica,/ de lá gente pobre./ Era assim que eu via/ e que eu imaginava." (Pannunzio, 2002, p.14-5)

O terceiro capítulo propicia verdadeira festa para o leitor escolar. Após um período, bem curto, descrevendo a largura do rio, surgem várias vozes/versos, os quais são ecos da memória do narrador, e que permitem ao leitor/ouvinte mergulhar num mundo de alegria, desesperança e muito, muito, movimento e ritmo. Pela brevidade e pela riqueza, também faço transcrição integral:

> "Na seca, vazio, lajeado, praieiro. Nas águas, bufando, derramando pros lados. Arreda, meu povo!/ Óia o capado rodando!.../ Acode!/ Óia a carroça descendo a enxurrada!.../ Óia a água entrando no rancho!.../ Levanta, Zequinha!.../ Apruma, Corina!.../ Quem ombra vó Lina?/ Minha Virgem Maria!/ Minha Nossa Senhora!.../ Destramela a porteira, Tonico,/ solta a tropa na larga,/ solta a bezerrada!.../ Minha Nossa Senhora!/ Minha Santa Luzia!.../ Acode, gente, / socooorro!/ Jesus Amado,/ tem piedade de nós!" (Pannunzio, 2002. p.16)

Outra qualidade da obra é a conjunção entre os mencionados recursos poéticos e expressões populares ou infantis. Possivelmente, tal resultado se deve ao incremento da sonoridade no "universo melódico-infantil" presente no texto e seu efeito, também sonoro e emotivo, junto ao leitor. Frases marcadamente rurais, algumas; e infantis, outras resultam em mais sinestesias: sons, cheiros e sentimentos; tais como: "perdeção de tempo"; "sengracinha"; "larga de ser bobo, siô!"; "galinha cantou mas não sabia cadê o ovo"; "piocozinhas"; "butelonas"; "P.Q.P!"; "crioulada"; "só faltou me chamar de santo e rapadura".

Reforçam este clima a predileção por construções sintáticas bem distantes da norma culta, como problemas de regência ou de conjugação: "*Respira* fundo, filho, o ar da noite vai te fazer bem! Hmmm, que cheiro bom, Guto, *sente*! — ele disse. (Pannunzio, 2002, p.66); "*Vai* caçar um brinquedo, *vai*! Que prosa boba!... — Vó, não *fica* com raiva de mim, não!" (p.75); "*Reza*, Gutinho, *pede* pro seu anjo da guarda tomar conta de você."(p.73); "O ar da noite era tão puro, tão fresquinho, que *entrava dentro* do meu peito feito uma faca afiada". (p.67).

Em conjunto, tudo isso contribui para reforçar o clima de liberdade e de descontração reinante naquele período e espaços vividos pela personagem. Além disso, todos esses fenômenos estão estruturalmente justificados, ou seja: são registros de fala da personagem narrador, ou de falantes inseridos num ambiente popular ou ainda de uma criança, ambos distantes do registro da norma culta.

Normalmente, nas narrativas pra crianças e jovens, há capítulos, senão a obra completa, unicamente utilitaristas, pedagógicos, moralistas, dogmáticos etc. O capítulo 20 é um bom exemplo de como é possível passar informações objetivas, até referenciais, próprias de uma unidade do programa escolar, aliadas à ambigüidades de sentido, à musicalidade, ao ritmo – a poesia, enfim. Trata-se, neste capítulo, de informar sobre as condições necessárias para se manter o rio protegido contra assoreamento, a poluição e da importância da flora e da fauna vizinhas para a sua perenidade. Como a maior parte do livro, contém trecho em prosa e em versos.

Abrindo o capítulo, o primeiro parágrafo é bastante descritivo, porém distante da linguagem denotativa, como se espera de um livro didático, por exemplo. Recorre à animização, a imagens e à retórica. O segundo e o terceiro parágrafos trazem paralelismos, frases sindéticas, frases nominais, perguntas e respostas, pontos de interrogação e de exclamação, impondo um ritmo agradavelmente marcado.

> O rio contava com amigos muitos leais, unha e carne, que nunca o deixavam na mão. De plantão permanente desde que o mundo é mundo. Sabe quem? O povinho verde, de raiz fincada no chão. Um sem o outro, nada feito. (....) O capim e o capão. O mato e a selva. As palmeiras e as árvores. Os remédios caseiros. Os cipós e as samambaias rendadas. E a festa diária de flores exóticas, de frutas gostosas. Os perfumes...(...) E o néctar das flores? O pólen? E as abelhas trabalhadeiras? E o mel? Que delícia! Que céu! (Pannunzio, 2002, p.57)

Em seguida, um longo poema de 96 versos. Com versos polimétricos, rimas soltas, com animização em abundância, sinestesia, sons e cheiros, polifonia, lembrando os poemas modernistas brasileiros e mesmo a poesia entusiasmada de Álvaro de Campos, heterônimo de Fernando Pessoa.

> O capão, o mato e a selva./ Os capins com sua pele de relva,/ sua flecha, sua cana./ Jaraguá, colchão,/ grama cuiabana,/ pangola, colonião,/ navalha, macega,/ cavalinha, flechão,/ (...) (p. 57) Mangaba, pitanga, araçá/ e a goiaba tão cheirosa,/ branca e rosa!... // — SIÁ JOAAAAANAAAAAAA,/ AREIA O TACHO DE COOBRE!/ É TEMPO DE GOIABADA/ EM CASA DE RICO E DE POBRE!// Ah, os remédios antigos, santos, (...) (Pannunzio, 2002, p.59)

No final, o retorno à prosa, à prosa poética, é bom lembrar.

> Há palhas e fibras, pra vassoura, abano, tipiti, peneira, balaio, esteira, rede, cesto de embalar neném... Pra trançar a cobertura dos ranchos de pau-a-pique.(...) E tem as madeiras. Mais fracas. Mais fortes. De lei. /Cada qual com sua serventia. Pra lenha... Pra cabo de enxada, esticador e poste de cerca, esteio de curral, tronco, porteira... (...). Nossa, meu rio era um felizardo, estava sortido de amigos! (Pannunzio, 2002, p.61)

É possível concluir, portanto, que não há a menor marca de um discurso utilitarista, com fins pedagogizante, naquele sentido restrito do termo. O que predomina é um texto libertário e renovador. Este resultado é obtido graças a um enorme senso de liberdade no que toca às convenções gramaticais, sociais, morais e escolares.

O efeito junto ao leitor pode ser o da mais completa identificação, quando se volta para os aspectos emotivos e afetivos. E se tal efeito pode ser alcançado de maneira um tanto empírica por parte do leitor escolar, a riqueza e a complexidade da linguagem, que é justamente a fonte mais promissora para bom aproveitamento da obra, exige cuidadosa participação do professor na atividade de mediador de leitura.

Quando se recorda a leveza da personagem narrador, seu desprendimento , sua objetividade testada pela subjetividade de uma criança ou adolescente curioso pelas coisas, fenômenos e pessoas que o rodeiam, compreende-se que a força literária da obra reside na confluência harmônica entre forma e sentido, entre função e estrutura; entre tensão e monólogo, entre a força e a leveza. Tudo prosa e tudo poesia. E*ra uma vez um rio* é, sem dúvida, uma obra valiosa no contexto da literatura brasileira.

10.

A CRÔNICA: DO FUGAZ AO PERENE

Rony Farto Pereira
Neuza Ceciliato de Carvalho
Aroldo José Abreu Pinto

Vista por muitos como o gênero brasileiro por excelência e valorizada como formadora de leitores, a crônica é preconceituosamente apontada, por outros tantos, como um gênero literário menor, principalmente devido ao caráter passageiro de sua temática. Entretanto, mais do que o tema, o que caracteriza um texto literário é o trabalho com a linguagem efetuado por seu autor. Em "À procura de assunto", Rony Farto Pereira focaliza a aparente falta de assunto como estratégia de construção textual brilhantemente adotada por escritores como Machado de Assis, Carlos Drummond de Andrade, Vinicius de Moraes e Fernando Sabino, entre outros. Em seguida, Neuza Ceciliato de Carvalho aborda a crônica humorística, tão ao gosto de nossos alunos adolescentes, em "O que fazer quando a crônica for uma piada?". Partindo de um texto de Paulo Mendes Campos, a autora propõe que, após as inevitáveis gargalhadas, o professor promova a discussão e a exploração da linguagem e da estrutura desse tipo de narrativa. Finalmente, Aroldo José Abreu Pinto, em "Em busca do avesso: 'A noite do travesseiro', de Ricardo Ramos", aborda a participação do leitor no processo de construção de um texto como requisito para a concretização da obra em sua totalidade.

À procura de assunto

Por sua fugacidade e aparente frivolidade – nasceria e morreria com o jornal, tratando de assuntos igualmente "perecíveis"– a crônica é encarada muitas vezes como um escrito para preencher espaço e, como a conversa fiada, destinada a matar o tempo dos leitores. É como se não houvesse necessidade de escrevê-la e de lê-la e, mais ainda, como se ela não respondesse a anseio algum da humanidade, nesse longo tempo em que ganhou estatuto de gênero literário, embora menor.

Assim, já os nossos primeiros cronistas nao é raro admitirem uma preocupação (falsa?) de que estão desesperadamente à cata de assunto, senão não sai a crônica periódica. Marotamente, tentam nos fazer crer que o grande segredo do gênero está efetivamente no assunto, no fato, como acontece para o repórter do jornal, cujo veículo utiliza e cujas características básicas parece absorver.

O grande Machado de Assis já confessava, disfarçando em seu jeito irônico um fingimento epidérmico: para começar a crônica por uma trivialidade, é dizer: "Que calor! que desenfreado calor!" E continuava: "Diz-se isto, agitando as pontas do lenço, bufando como um touro, ou simplesmente sacudindo a sobrecasaca. Resvala-se do calor aos fenômenos atmosféricos, fazem-se algumas conjeturas acerca do sol e da lua, outras sobre a febre amarela, manda-se um suspiro a Petrópolis, e *la glace est rompue*; está começada a crônica".

Carlos Drummond de Andrade, a seu modo, queixa-se no poema "O sobrevivente" (de *Alguma poesia*), dessa suposta dificuldade em conseguir assunto para a produção do que deseja: "Impossível compor um poema a essa altura da evolução da humanidade". Depois de prender nos versos inspirados o lirismo perseguido, o próprio poeta concluirá: "Desconfio que escrevi um poema..."

Da mesma forma, deixar para escrever seu texto no último instante também parece ser um aspecto recorrente na atividade do cronista. Vinicius de Moraes dizia que um verdadeiro cronista acaba mesmo gastando metade do salário para mandar sua crônica de táxi para a redação, a fim de evitar a ira do diretor ou do secretário do jornal.

Considerado um dos escritores vivos mais importantes do Brasil, Fernando Sabino tem exercido com perspicácia e talento a atividade de cronista, ao longo de sua vida literária. Seus livros de crônicas são momentos privilegiados em que, captando o miúdo e o banal, o escritor mineiro revela-se exímio pros(e)ador, fazendo da conversa fiada o meio de nos devolver a graça e a beleza de situações aparentemente corriqueiras e sem sabor.

Um exame de um dos textos de seu livro *A companheira de viagem* (1965), intitulado "A última crônica", comprova como o autor, partindo da aparente pressão externa de ter que escrever a crônica no último instante e, lamentavelmente, ainda não ter nenhum assunto à mão, produz um texto magnífico, pleno de significado e de calor humano.

Revestida de uma densidade mais apropriada ao conto (que o próprio autor notou, na advertência que abre os textos do volume), a crônica de Sabino consegue recuperar o sentimento e a poesia de algo tão singelo, fazendo com que o leitor imediatamente se envergonhe de seus privilégios pessoais e se sinta inclinado a acompanhar o pai da criança no sorriso aberto que sustenta ao fitar o cronista.

Sem contar que ele faz, ao meditar sobre sua falta de assunto, uma metalinguagem do gênero com que se ocupa: "Visava ao circunstancial, ao episódico. Nesta perseguição do acidental, quer num flagrante de esquina, quer nas palavras de uma criança ou num incidente doméstico, torno-me simples espectador..."

De certo modo, também as palavras finais de "A última crônica" servem como uma retomada da própria concepção de crônica e de uma de suas características mais marcantes: a simplicidade. Captando o instante e o aparentemente desimportante, a partir mesmo de um olhar sobre figuras sobre as quais recai historicamente o preconceito da sociedade, a crônica de Sabino mostra – para repetir Antonio Candido – uma grandeza e uma singularidade insuspeitadas. E isto, a aceitar o jogo proposto pelo autor, acaba salvando o cronista, que consegue o assunto e, às pressas, pode concluir o texto que enviará correndo à redação do jornal.

O que fazer quando a crônica for uma piada?

"Chatear" e "encher"

Paulo Mendes Campos

Um amigo meu me ensina a diferença entre "chatear" e "encher". Chatear é assim: você telefona para um escritório qualquer na cidade.

– Alô! Quer chamar por favor o Valdemar?

– Aqui não tem nenhum Valdemar.

Daí a alguns minutos você liga de novo:

– O Valdemar, por obséquio.

– Cavalheiro, aqui não trabalha nenhum Valdemar.

– Mas não é do número tal?

– É, mas aqui nunca teve nenhum Valdemar.

Mais cinco minutos você liga o mesmo número:

– Por favor, o Valdemar já chegou?

– Vê se te manca, palhaço. Já não lhe disse que o diabo desse Valdemar nunca trabalhou aqui?

– Mas ele mesmo me disse que trabalhava aí.

– Não chateia.

Daí a dez minutos, liga de novo.

– Escuta uma coisa! O Valdemar não deixou pelo menos um recado?

O outro desta vez esquece a presença da datilógrafa e diz coisas impublicáveis.

Até aqui é chatear. Para encher, espere passar mais dez minutos, faça nova ligação:

– Alô! Quem fala? Quem fala aqui é o Valdemar. Alguém telefonou para mim?

Pois é, quando a crônica for uma piada, como esta, a primeira coisa a se fazer ao lê-la é dar uma boa gargalhada. Se não houver risos na sala, ou a piada é ruim, ou ela não foi bem contada, ou, ainda, ela não foi entendida pelo ouvinte ou leitor. Não parece ser o caso desta curta e simples piada de Paulo Mendes Campos, visto que ela não só está muito bem contada, como pode provocar no leitor, ou um sentimento de galhofa, de prazer de perturbar a vida alheia, se o leitor se colocar na posição de quem faz os telefonemas ao escritório; ou um sentimento de extrema raiva – se o leitor se colocar na figura do funcionário que atende aos telefonemas.

A rapidez do ato de contar e o aparente simplismo de seu conteúdo, características desse tipo de narrativa, não devem levar o professor a abandoná-la, rejeitando-a enquanto assunto banal ou coisa de menor importância para as aulas de Língua Portuguesa, tendo em vista a infinidade de conteúdos gramaticais que ele imaginaria ter de ensinar aos seus alunos.

Passado o momento da expressão dos sentimentos dos alunos diante do texto, da brincadeira, do riso que ela pode provocar, o que fazer com uma crônica-piada, em sala de aula? Pode acontecer de, nas próprias falas dos alunos, após a leitura, aparecerem repreensões e defesas quanto à atitude de quem gasta o seu tempo passando trote e atrapalhando quem está trabalhando, levando a uma discussão do sentido moral da piada.

Em um segundo momento, o professor pode encaminhar a discussão, que se reduziu ao conteúdo da mensagem, para aspectos formais do texto, passando a demonstrar o modo como a piada foi construída, em termos de detectar a diferença entre o *chatear* e o *encher*. Passa-se do riso descontraído ao trabalho exploratório das especificidades do gênero *piada*, podendo ser analisadas, conjuntamente com os alunos, a linguagem e a estrutura desse tipo de narrativa.

Poderíamos começar definindo a piada como um modelo de narrativa curta, de caráter humorístico, que se insere na modalidade das narrativas de forma simples, como o provérbio, a fábula, a sentença, a adivinha, o chiste, todas elas de domínio público e, portanto, sem uma marca autoral específica.

É importante demonstrar para o aluno que, como toda boa piada, o texto "'Chatear' e 'encher' " mantém a tensão até a frase final, e esta tensão somente chegará ao fim quando o narrador, ou o contador da piada, revelar a dissolução da trama, muito bem arquitetada, que é a demonstração da diferença entre "chatear" e "encher". Enquanto o *chatear* é a insistência dos telefonemas, *encher* é a ultrapassagem dos limites da chateação, que vem explicitada pela última frase, passando a pessoa que telefona a se colocar como o sujeito a quem ela procura. É justamente na transposição do sujeito, de um lugar para outro, que reside a graça da trapaça. A piada, enquanto uma narrativa curta, necessita de uma rígida estrutura formal, com seqüência narrativa logicamente previsível, caminhando para um desfecho de forte impacto, sendo esta estrutura a responsável pela surpresa e pelo riso.

A presença do narrador, no início da narrativa, faz-se necessária apenas para situar o leitor, e, depois, para pontuar a passagem do tempo entre o diálogo das personagens, que também dizem somente o essencial, sem se alongarem. O narrador dirige a piada como se a estivesse contando oralmente para alguém, dialogando com o seu interlocutor, que ele designa por "você", e é isso que faz com que ela se torne viva, presentificando a ação. A linguagem é própria do discurso oral, coloquial, permeada de gírias, a exemplo do título, sendo as orações construídas pela forma direta, o que facilita a compreensão. A concisão lingüística e estrutural é a marca essencial da piada.

" *'Chatear' e 'encher'* ", embora faça parte de um livro de crônicas do autor e ocupe um espaço reservado à crônica semanal de um jornal, é mais piada que crônica, se nos ativermos à sua configuração estética. Porém, as marcas estruturais desta piada são também as marcas estilísticas das demais crônicas de Paulo Mendes Campos: linguagem concisa, estrutura narrativa bem amarrada e desfecho surpreendente. Tudo isso, ao que parece, enquanto estratégia para causar a indignação do leitor e fazê-lo exercitar sua inteligência, levando-o a ver com ironia as atitudes do ser humano. Vale a pena ler outras crônicas suas, como: "O médico e o monstro", "Coração materno", "O risadinha", todas elas presentes no livro *Para gostar de ler*, volume 2, da Editora Ática.

A crônica humorística ou a crônica-piada é uma categoria narrativo-jornalística muito em moda, hoje, na imprensa escrita. Haja vista que Luís Fernando Veríssimo, Jô Soares, José Simão e tantos outros têm cativado diferentes tipos de leitores dos principais jornais e revistas do país, com suas piadas, brincadeiras e ironia, numa intenção de levar o leitor à descontração e ao riso, e também à crítica. No caso de José Simão, cronista da *Folha de S. Paulo*, há com freqüência a inclusão de piadas curtíssimas dentro de suas crônicas, fazendo com que os fatos do cotidiano cultural, social e político brasileiro virem deboche, escárnio, piada mesmo.

Essa força viva da crônica-piada pode se transformar em exercícios prazerosos de produção de textos, se o professor se dispuser a incluí-las no rol de leitura dos alunos e concomitantemente realizar um trabalho de conscientização do aluno de sua estrutura e linguagem.

Em busca do avesso: "A noite do travesseiro", de Ricardo Ramos

Inicialmente, vale lembrar que, devido às características peculiares dessa literatura "ao rés-do-chão", como destaca o crítico e professor Antonio Candido em A *crônica*: o gênero, sua fixação e suas transformações no Brasil (São Paulo: Editora da Unicamp; Rio de Janeiro: Fundação Casa de Rui Barbosa, 1992), é necessário ter-se em mente que o melhor caminho para observar e refletir sobre o modo de construção da crônica é apontar, quando possível, algumas tendências que a particularizam, buscando assinalar o estilo de seu produtor. Até porque a maior parte dos recursos que o cronista mobiliza se apresentam, não raras vezes, extremamente fugidios para conceituação teórica ou atribuição de rótulos. É o que se pode notar, por exemplo, na crônica "A noite do travesseiro", de Ricardo Ramos.

Crônica inaugural de um total de 92 que compõem o conjunto de textos publicados pelo autor na *Folha da Tarde* entre 1984 e 1986, "A noite do travesseiro" inicia uma trajetória de narrações, comentários, análises e registros que constituirão o mundo de representações engendrado pelo autor e que caracterizam seu modo particular de "plasmar elementos não-literários: impressões, paixões, idéias, fatos, acontecimentos, que são matéria-prima do ato criador" (Candido, A. *Formação da Literatura Brasileira*: momentos decisivos. 4.ed. São Paulo: Martins, 1969. p. 34, v.1).

Tomada de pronto, a crônica parece remeter o leitor para a construção de uma imagem com a qual está extremamente habituado: uma simples passeata. No entanto, o que se segue é exatamente o contrário. O leitor tem representado diante de si um mundo bastante conturbado, estabelecendo uma tensão que só irá se avolumar aos olhos do leitor e que redundará num dos recursos mais característicos da literatura moderna: a necessidade de participação efetiva do leitor no processo de construção das imagens, sob o risco de a obra não se concretizar em sua totalidade. Em outras palavras, é como se os vocábulos selecionados para representação, em si mesmo, tivessem, num primeiro momento, um caráter representativo da passividade e da tranqüilidade, uma vez que remetem a imagens banais, e, em segunda instância, tomassem a configuração de um ato realizado justamente para denunciar esta posição inicial e aparente. Vejamos um fragmento:

> A noite do travesseiro
>
> "Dez e meia da noite. Eu terminara as aulas um pouco mais cedo, vinha cansado e com fome, não via a hora de chegar em casa. Mas o homem põe, o acaso dispõe. Já ao me aproximar, seguindo o trânsito emperrado, desconfiei de que havia coisa no meu quarteirão. E havia mesmo: faixas, barreira com polícia, movimento de povo. Soldados me desviaram, vá parar longe. Mostrei o meu prédio logo adiante, moro ali, preciso entrar. Não adiantou, agora não. Um vizinho passando informou que só depois das onze. Fui deixar o carro duas quadras além e vim a pé, muito sobre o chateado".

Começando pelo título, observe que a noite é "do" travesseiro e não "no" travesseiro. É como se já no próprio título o caráter representativo da passividade e tranqüilidade, sugerida pela maciez e suavidade do travesseiro, tomasse a configuração de um ato realizado justamente para denunciar esta posição artificial de paz e tranqüilidade aparente, pois a noite acaba sendo "do" travesseiro e não do usuário deste, o que implica numa situação de minoração, dependência, subordinação do sujeito que utiliza o travesseiro em relação ao objeto utilizado.

Esquematicamente, nesse fragmento, podemos observar, de um lado, a paz e a tranqüilidade sugeridas pelo título "A noite do travesseiro" em contraste com a perturbação da paz sugerida por expressões como o avançado da noite, o cansaço, a fome e a expectativa do protagonista em chegar em casa, o trânsito emperrado, as faixas, a barreira com polícia, o movimento de povo e a impossibilidade de acesso ao lar.

Outro exemplo desse "efeito de estranhamento" de que nos fala o formalista russo Victor Chklovski (A arte como procedimento. In: Toledo, Dionísio de Oliveira. *Teoria da literatura*: formalistas russos. Trad.

de Ana Mariza Ribeiro *et alii*. Porto Alegre: Globo, 1971, p. 39-56) está na frase: "Mas o homem põe, o acaso dispõe", pois segundo o *Dicionário Brasileiro Globo* o verbo "pôr" tem, entre muitos outros, o sentido de colocar, firmar, infundir, depositar, preparar, arranjar e realizar. Mas em relação ao verbo "dispor", que vem em seguida, uma dupla possibilidade se apresenta ao leitor. O verbo pode ser tomado na sua camada mais aparente com os significados habituais a ele atribuídos de "pôr metodicamente, colocar por ordem; preparar; enfeitar, arrumar; acomodar; harmonizar" ou, num segundo momento, justamente no sentido contrário a sua significação de dicionário, pois, na crônica o vocábulo "dispor" mais parece um neologismo criado a partir de uma desinência – "des" – e do verbo "pôr", formando "dis-por" com o significado de "des-metodizar", "des-fazer" a ordem, "des-arrumar", "des-acomodar", "des-armonizar" etc. Em outras palavras, o autor faz um trocadilho, um jogo de palavras, análogo à frase bíblica "O homem põe e Deus dispõe", mas subvertendo a norma já que quem dispõe é o "acaso", a eventualidade, e não mais "Deus", o ser onipotente e onipresente, e, desse modo, o objeto representado passa pelo afeito de estranhamento, ganhando uma nova significação e exigindo a reflexão do receptor.

Esse trocadilho acaba exacerbando os contrastes ali existentes, já que provoca uma contradição justamente pela falta de sentido contida na palavra "acaso" e, desse modo, o receptor é levado a um desconcerto inicial. Aliás, vale ressaltar, o trocadilho é uma técnica verbal das mais comuns para a efetivação do efeito de estranhamento, já que "é um contra-senso, uma contradição, um imprevisto que abole a intenção de comunicação lingüística (referencial), que rompe momentaneamente a relação emissor-receptor da mensagem para libertar o espírito de tensões" (Bonvicino, R. O sentido do *nonsense*. *Folha de* S. *Paulo*, São Paulo, 02 jul. 1989, p. 10, Caderno D).

Outro recurso destacadamente presente no fragmento citado e que também contribui para a quebra da norma e, conseqüentemente, o estabelecimento do efeito de estranhamento é a utilização do discurso indireto livre. O narrador destaca: "Soldados me desviaram, vá parar longe. Mostrei o meu prédio logo adiante, moro ali, preciso entrar. Não adiantou, agora não". Observe que os diálogos não são assinalados por verbos *dicendi* ou marcados por travessões, identificando a variação dos tipos de discurso ou os produtores dessas falas. O narrador informa que é desviado pelos soldados. Apresenta-se, então, a possível fala de um desses soldados: "vá parar longe", a que o narrador teria respondido: "moro ali, preciso entrar", e recebido como resposta: "agora não".

Aliado ao discurso indireto livre e também corroborando para esta visão, há toda uma seleção de palavras, voltando a atenção do leitor para os elementos da mensagem efetivamente utilizados e contribuindo para uma percepção crítica particular do objeto que está sendo representado. Símbolos característicos de um período estão sutilmente representados nos comentários do narrador: as faixas, a barreira com soldados, o movimento de povo, enfim, os símbolos da repressão ou da luta contra ela durante a ditadura. Há que se lembrar que a crônica "A noite do travesseiro" foi escrita em 1984, período que marca o fim do regime militar, mas que ainda traz muitos resquícios e lembranças do antigo regime.

Resumidamente, poderíamos dizer que narrador cria um mundo em que o plano do enunciado é negado pelo plano da enunciação, ou seja, o receptor é levado a observar e acompanhar uma situação, mas, em seguida, o texto reflete justamente o oposto. É como se o narrador negasse justamente para confirmar. Entre o narrado – o que parece ser – e o que efetivamente se diz, há uma lacuna que deve ser preenchida por um leitor mais atento. O narrador coloca em atividade a capacidade de ponderação do leitor, por meio do choque de representações, visando despertar sua capacidade intelectiva. Entre as imagens criadas, ficam em aberto para o leitor muitos fatos, ou seja, a estrutura do texto ficcional está calcada nesta atribuição de sentidos à mensagem para muito além dos sentidos previstos.

No processo de reflexão até aqui pretendido, podemos, sumariamente, destacar os seguintes elementos: o texto é marcado por um forte tom crítico; há, como se pode observar, uma tensão na base da comunicação; o narrador, que se posiciona como personagem central, vai enumerando para o leitor a sua concepção sobre a situação, de maneira que, no todo, a crônica patenteia um discurso crítico que acaba revelando uma concepção de mundo que supera, em muito, a de uma simples noite de sono tranqüilo de moradores de uma metrópole para se tornar um contundente apelo ao respeito a valores básicos do ser humano e à reflexão crítica sobre as mudanças pelas quais o país atravessa num período pós-ditadura. Tudo isso trazido à tona pela força comunicativa referencial e poética do texto de Ricardo Ramos.

Finalmente, sinalizando para a ponderação sobre o modo especial de representação exercitado por Ricardo Ramos, nos apoiamos em Fantinati (Fantinati, C. E. O feijão e a publicidade. *Revista de Letras*, São Paulo, 23: 49-62, 1983.), que ressalta que no final do último século, como uma das vertentes da literatura moderna, destacaram-se textos com nítida função de crítica social e caracterizados por uma maneira peculiar de desmontagem da ideologia dominante. Nesses textos instaurou-se, de acordo com o autor,

> um novo modelo de comunicação, solicitando do receptor não uma postura empática e efetivamente identificadora com o texto, mas uma atitude atuante e interveniente no ato da leitura. Resulta essa nova atitude receptora da contradição em que se fulcra o texto, organizada conscientemente pelo autor no modo de formar a obra. (p. 49)

As ponderações de Fantinati, que retoma as reflexões do estudioso Hans Kügler em sua obra *Literatur und Kommunikation*, (Stuttgart: Ernst Klett Verlag, 1971) apontam para um modo de exploração da leitura de base dialética que merecem maior atenção quando da análise da crônica contemporânea. Por ora, como vimos, vale observar que "A noite do travesseiro" mobiliza alguns recursos que parecem estar de acordo com esse "novo modelo de comunicação".

11.

SOBRE A FÁBULA E O CONTO DE FADAS

Neuza Ceciliato de Carvalho
João Luís C. T. Ceccantini

A tradição e a renovação das fábulas e dos contos de fadas são o tema desta seção. Inicialmente, o artigo "Fábula: um gênero antigo como o homem", de Neuza Ceciliato de Carvalho, faz uma reconstituição histórica desse gênero, através dos tempos. A autora ainda identifica em La Fontaine, Monteiro Lobato e Millôr Fernandes os três modelos de fábulas (o que prega a moral conservadora, o que a discute e o que rompe com ela). Propõe, a partir daí, um trabalho didático que integre os três escritores. Em seguida, João Luís C. T. Ceccantini aborda, em "O conto de fadas, imemorável patrimônio da humanidade", a gênese dos contos de fada, na literatura céltica e oriental, muitos séculos a.C., e sua fixação na tradição oral, na Europa da Idade Média. Esse legado popular, importante para a preservação da memória coletiva no ocidente, chegou até nós através de Charles Perrault, dos irmãos Grimm e de Hans Christian Andersen. Na conclusão do artigo, Ceccantini alerta para a qualidade duvidosa de certas adaptações das obras desses autores, existentes no mercado brasileiro.

Fábula: um gênero antigo como o homem

A origem da fábula é muito remota. Nasceu no Oriente e foi introduzida no Ocidente por Esopo no séc. VI a.c., sendo mais tarde enriquecida estilisticamente por Fedro no séc. I d.C.

Leonardo Da Vinci a redescobriu no séc. XVI, mas foi La Fontaine (1621-1692) quem a divulgou no Ocidente, recriando-a e trazendo-a para a era moderna em forma de versos.

Confundida estruturalmente com outras modalidades literárias, como a parábola (comparação), a alegoria (imagem que remete a outra) e o apólogo (situação exemplar), a fábula, do mesmo modo que elas, é curta e tem natureza simbólica. O que a caracteriza e a diferencia das demais é o fato de sempre usar animais como personagens, e ter como objetivo a transmissão da moralidade, ao mesmo tempo que busca divertir o leitor.

Trabalhando sempre com valores universais, a fábula utiliza símbolos primitivos que remetem à vida cotidiana dos homens de todos os tempos como a vaidade, a mentira, a cobiça, o poder, a riqueza, a astúcia, a gula, a avareza. São esses sentimentos, comportamentos e modos de vida o objeto da fábula, que se utiliza de animais para alegoricamente mostrar os defeitos do homem em sociedade.

Falando sobre suas fábulas, La Fontaine diz:

> Sirvo-me de animais para instruir os homens./.../ Procuro tornar o vício, ridículo,/ Por não poder atacá-lo com braço de Hércules./.../ Nessa espécie de fingimento, é preciso instruir e agradar,/ Pois contar por contar, me parece coisa de pouca monta.

Como se pode ver é através do "fingimento", da ficção que La Fontaine passa para o leitor a moralidade de sua época, transpondo a ação praticada por um animal para a esfera do humano. Ensinamento e diversão estão juntos numa estrutura racionalmente arquitetada e inconscientemente assimilada pelo leitor, que passiva e silenciosamente absorve os valores morais instituídos.

A oposição de valores e a ridicularização do vício, aliados à economia dos meios de expressão, de descrição e de representação da cena criada, aliados ainda à precisão na organização do enredo e à contundência da frase final, resultam numa narrativa breve e forte, concentrada nos pontos principais da ação, sem subterfúgios para o leitor. O leitor fica preso à história que mantém do início ao fim a situação de conflito, só resolvida com o desfecho moralizante.

Esse modo específico de transmitir a mensagem, com uma estrutura fixa, é que se constitui na especificidade da fábula. Parece ser esse modo de formar - seja em verso, seja em prosa - que a tem sustentado por tanto tempo como um gênero que transcende épocas, apesar de verificarmos que atualmente ela está em baixa..

Historicamente sempre vamos encontrar a mesma estrutura formal e a permanência da moralidade. Isso faz parte de sua gênese. Mas enquanto a sua organização estrutural se mantém no decorrer dos séculos, a mensagem moralizadora nem sempre será aceita passivamente por todos os escritores que a reescreveram posteriormente a La Fontaine.

No Brasil, foi Monteiro Lobato (1882-1948) quem divulgou entre as crianças, e quem tirou o peso moralista das fábulas, acrescentando no final de cada uma delas um comentário de um dos personagens do *Sítio do Picapau Amarelo*, principalmente de Emília, o que resulta muitas vezes na atenuação ou mesmo na contraposição da mensagem maniqueísta da moral instituída.

Assim transformadas, as fábulas de Lobato passam a romper com a transmissão inconsciente da moral, possibilitando ao leitor uma revisão dos valores sedimentados por essa modalidade literária, o que o leva a questionar, a refletir e, muitas vezes, a se contrapor à mensagem transmitida.

Ao permitir que as crianças do sítio se expressem, após ouvirem as fábulas contadas por Dona Benta, Lobato relativiza a moralidade, abrandando a sua força maniqueísta.

E nisso reside a importância da leitura das fábulas de Lobato, pois ele faz das personagens sujeitos que atuam reflexivamente, transformando a realidade ficcional de acordo com os seus pontos de vista. E o leitor de Lobato, ao inserir-se no contexto ficcional das fábulas, transforma-se também em sujeito pensante, que avalia o valor moral nelas contido.

Caminhando um pouco mais na história vamos encontrar um outro escritor brasileiro que nos anos 70 reescreve as fábulas, inventa outras, rompendo com a moralidade instituída e criando uma nova modalidade literária: a fábula humorística. Trata-se de Millôr Fernandes (1924-) e de suas *Fábulas Fabulosas*.

A reescritura das fábulas, por Millôr , retira o peso de sua gênese moralista para inscrevê-las no gênero humorístico-realista, com uma visão invertida, relativista, contraposta ao ensinamento maniqueísta das fábulas originais.

Construindo suas fábulas com uma estrutura semelhante à das fábulas tradicionais, Millôr as inova ao dar ao assunto um tom descontraído e ao mesmo tempo crítico. O que diferencia suas fábulas das fábulas moralistas é o seu posicionamento irreverente frente à norma, ao convencional, ao naturalmente aceito como certo, verdadeiro e bom.

Ao romper com os valores instituídos secularmente, Millôr acaba por transformar suas "fábulas fabulosas" em textos complexos, que necessitam de leitores preparados e astutos para decodificar a mensagem da moral invertida, satirizada, que muitas vezes vem transcrita no final das fábulas.

O texto humorístico guarda em sua organização uma estrutura de inversão lingüística, semântica e sintática que necessita ser explicitada ao leitor em formação, para que a significação ostensiva e latente do texto sejam compreendidas.

Mas não é isso o que ocorre com o estudo dirigido que vem logo a seguir às fábulas de Millôr em boa parte dos livros didáticos do ensino fundamental. Nas propostas de leitura e estudo apresentadas nos livros, o aluno é lançado diretamente para o significado da história sem que lhe seja proposto o estudo da forma humorística que a nova fábula contém. Pensam muitos autores dos livros didáticos que as fábulas de Millôr são adequadas às crianças por terem animais como personagens, por serem curtas e por manterem os assuntos das fábulas tradicionais. Esquecem-se eles, porém, de que o humor é uma forma superior de se relacionar com o mundo e com os homens, e que as crianças, em sua grande maioria, podem não estar familiarizadas com essa forma de expressão.

Neste sentido, penso que os três modelos de fábulas: de La Fontaine, apenas moralistas; de Lobato, discutindo a moralidade; e de Millôr, rompendo com a moral conservadora, instituindo e contextualizando uma outra moralidade, poderiam ser um ótimo material de trabalho em sala de aula, desde que devidamente analisado e adequado às diferentes fases de desenvolvimento dos alunos.

Uma proposta de trabalho em sala de aula seria, por exemplo, analisar uma mesma fábula escrita pelos três autores e mostrar ao aluno o seu desdobramento estrutural, lingüístico e de conteúdo. Com isso o professor estaria permitindo ao aluno conhecer as diferentes visões de mundo e de épocas. A visão histórica traria ao aluno a consciência de que a fábula, como toda a literatura, é um produto artístico em constante mutação, como o é o homem e a sociedade.

O conto de fadas, imemorável patrimônio da humanidade

Certamente poucos subgêneros literários terão sido assimilados por pessoas de tão diferentes épocas, culturas e extratos sociais quanto o conto de fadas.

Esse velho conhecido de todos nós, que embalou nosso sono na voz carinhosa de alguém próximo e querido ou foi objeto de nossas primeiras e titubeantes leituras, tem origens que se perdem na poeira dos tempos. As raízes dos contos de fadas encontram-se em fontes da literatura oriental e céltica de muitos séculos A.C. gerando uma matéria narrativa que sofreu sucessivas transformações, na Europa, ao longo de toda Idade Média, até constituir uma forte tradição oral popular por volta do século XVI. Encontramos, assim, um repertório de histórias que circularam entre as pessoas do povo e foram transmitidas de geração para geração, repetindo-se com pequenas variações nos mais deferentes pontos do continente europeu.

É a adaptação desse acervo popular, de tradição marcadamente oral, que chegará até nossos dias. Um primeiro momento significativo da fixação dessas histórias, ainda que não em seu estado puro, mas já de alguma forma adaptadas aos padrões aristocráticos de quem as transcreveu, ocorre com a publicação, na França, em 1697, de *Histórias e contos do tempo passado com moralidades*, também designados como Contos da mamãe Gansa, por Charles Perrault (1628/1703). Os contos populares coletados e adaptados por Perrault (e de início publicados em nome de seu filho, já que "não ficava bem" para um escritor de sua classe social dedicar-se a contos de amas-secas) recebem excelentes acolhida do público em geral e em especial do público infantil. A obra ganha sucessivas edições ao longo do tempo, até praticamente tornar-se sinônimo de literatura infantil.

A experiência levada a cabo por Perrault fez escola e sucederam-se, depois do seu, muitos outros trabalhos do mesmo tipo.

Merecem referência particular os *Contos de Grimm* coletânea de contos de tradição oral e popular, publicada na Alemanha pouco mais de um século depois da obra de Perrault. Editados em 3 volumes de

1812 a 1822 (mais de 200 contos, dos quais alguns já presentes em Perrault), os *Contos de Grimm* são de autoria dos irmãos Jacob (1785/1863) e Wilhelm (1786/1859) Grimm, filólogos e eruditos alemães. Representam um estágio em que a matéria narrativa bruta de tradição oral já passou por maiores transformações, estando impregnada da visão de mundo burguesa, própria da idade contemporânea.

Quando se trata de contos de fadas, é preciso, ainda, citar o terceiro vértice desse triângulo que alimentou a imaginação de gerações a fio: Hans Christian Andersen (1805/1875), o escritor dinamarquês, que publicou seus *Contos* para crianças pela primeira vez em 1835. No caso de Andersen, é importante destacar que, em meio aos contos coletados e adaptados da tradição oral popular escandinava, há narrativas que são livre de produtos da criatividade e imaginação do autor, ainda que fiéis ao espírito dos demais contos.

Desde Perrault, que acrescentou "moralidades" aos contos de tradição popular, passando por Grimm e Andersen, confirma-se plenamente o ditado "quem conta um conto aumenta um ponto". No entanto, as versões dos contos populares de tradição oral que chegaram até nós por intermédio desses escritores são ainda das mais fidedignas, conservando os aspectos essenciais desse universo arcaico, mítico e maravilhoso abordado pelos contos, e sempre trabalhados com reconhecidas habilidades literárias. Assim, se, por um lado, esses escritores não hesitaram em manipular com alguma liberdade o material de que se valeram, atenuando aspectos como a carga de violência ou de erotismo que caracterizava os contos originais, certamente em função do público leitor que tinham em mente, por outro lado, foram capazes de preservar de maneira reverente o legado popular deixado por uma sociedade pré-industrial, depositário de inúmeros sentidos ainda muito atuais para todos nós.

Uma vez reconhecido o valor desses autores, no sentido de conservarem um capítulo fundamental da memória coletiva no ocidente, convém defender-se das inúmeras edições de péssima qualidade que inundam o mercado brasileiro. Valendo-se do fato de que lidam com histórias de domínio público, encontramos hoje, sob o título de

"Contos de Grimm", "Perrault" e "Andersen", tanto edições de baixa qualidade gráfica, vendidas em banca de revista, quanto edições luxuosas, muitas vezes bastante atraentes e de grande impacto visual, que apresentam, textos absolutamente distorcidos, adulterados, glosados, muito distantes do trabalho original dos escritores pioneiros de que tratamos. Os problemas do texto nessas edições são de toda ordem: desleixo em relação à linguagem, textos podados de passagens fundamentais, eliminação de detalhes importantes que dão o sabor de muitas histórias, acréscimo aleatório de personagens, alteração do final das narrativas, edulcoramento de situações e ambientes, isto, para se dizer o mínimo.

Felizmente, nos últimos tempos, algumas editoras brasileiras mais conscienciosas têm-se preocupado em lançar coleções que, ao lado de projetos gráficos requintados e chamativos, apresentam os textos originais preservados e traduzidos para uma linguagem ágil e atual, em geral por conhecidos escritores de nossa literatura infanto-juvenil. Afinal, embora não sejam propriamente tombados pela UNESCO, não podemos permitir que se corroam os alicerces deste imemorável patrimônio da humanidade.

12.

VELHA NOVA HISTÓRIA, A PARÁBOLA

Marco Antônio Sant'Anna
Sandra Ferreira
Carlos Erivany Fantinati

Conforme o artigo "As funções da parábola", de Marco Antônio Sant'Anna, a parábola não tem função meramente pedagógica, mas comporta um elemento estético, que desperta imaginação e fascínio. O autor exemplifica essa afirmação, a partir da análise da parábola do "Bom Samaritano", contada por Jesus, em resposta a um doutor da lei sobre quem seria o seu próximo. A dupla função da parábola é igualmente o tema do artigo "Da ética à estética ou a dupla face das parábolas evangélicas", de Sandra Ferreira, que enfatiza o encantamento dos homens por essa modalidade textual. Finalmente, o artigo "A parábola no ensino", de Carlos Erivany Fantinati, após elencar diversos elementos estruturais que poderiam ser trabalhados no ensino de literatura (como a estrutura literária alegórica, os elementos formais e estruturais responsáveis pela construção da ação e a representação dos elementos da narrativa, entre outros), fixa-se na recepção textual do gênero, a partir de duas parábolas profanas.

As funções da parábola

Uma característica que percorre a maioria dos textos sobre o gênero *parábola* é a de apontar a sua utilidade no universo do ensino. A obra *The New Encyclopaedia Britannica* fala da parábola como "uma fonte de ensino imensamente útil". William G. Kirkwood, no artigo "Parábolas como Metáforas e Exemplos" descreve a parábola como sendo "qualquer narrativa breve contada primariamente para instruir, guiar ou influenciar ouvintes, ao invés de entreter".

Tais declarações parecem indicar que as funções da parábola não devem ser julgadas segundo critérios estéticos.

Entretanto, John D. Crossan, em sua obra *Em Parábolas: O desafio do Jesus histórico*, defende que as parábolas não podem ser reduzidas apenas a generalidades morais ou artigos de fé.

A aparente contradição talvez possa ser resolvida quando se lê com mais atenção o artigo de Kirkwood e constata-se que o autor trabalha com duas funções às quais a parábola pode servir: a de simples *exemplo* e a de *metáfora*. Segundo ele, quando o discurso exerce a função de exemplo, apenas se perpetua o conhecimento de valores preexistentes, reafirmando-se lições e exortando-se à prática de conceitos já pregados. Nessa acepção, o caráter didático e pedagógico da parábola fica evidente.

Por um outro lado, na visão de Kirkwood, a parábola, enquanto metáfora, retira do conhecimento comum o seu material, mas não se limita a ele. Ao invés disso, procura, através de efeitos na linguagem, transcendê-lo. O autor continua mostrando que, no exercício dessa função metafórica, as parábolas evocam experiências de imaginação e fascínio, o que deixa pouco espaço para a racionalização. Ao revelar o extraordinário no ordinário, elas podem confrontar os ouvintes com *revelações* inesperadas, que compelem a alguma resposta decisiva.

Desenvolvendo um pouco mais largamente o assunto, em outro artigo, "O Ato de Contar Estórias e o Auto-Confronto: Parábolas como Estratégias de Comunicação", Kirkwood propõe-se estudar o valor do discurso narrativo como veículo para atos provocadores de confronto e, especificamente, a natureza relacional do discurso da parábola.

Tais aspectos funcionais podem tornar-se mais claros na aplicação que deles fizemos numa rápida análise da "Parábola do Bom Samaritano", contida no evangelho de Lucas 10:30-35. É um exemplo que possibilita perceber como uma parábola pode ocorrer dentro de um discurso narrativo, sem ter que servir apenas a fins didáticos ou pedagogizantes.

Já a caminho de Jerusalém, no período que antecedeu o seu julgamento e crucificação, Jesus respondeu à questão colocada pelo intérprete da lei – "Quem é o meu próximo?" Sua resposta foi:

> 30(...)Um homem descia de Jerusalém a Jericó, e caiu no
> meio de assaltantes que, após havê-lo despojado e espanca-
> do, foram-se deixando-o semimorto. 31Casualmente, descia
> por esse caminho um sacerdote; viu-o e passou adiante.
> 32Igualmente um levita, atravessando esse lugar, viu-o e pros-
> seguiu. 33Certo samaritano em viagem, porém, chegou junto
> dele, viu-o e moveu-se de compaixão. 34Aproximou-se, cui-
> dou de suas chagas, derramando óleo e vinho, depois colo-
> cou-o em seu próprio animal, conduziu-o à hospedaria e dis-
> pensou-lhe cuidados. 35No dia seguinte, tirou dois denários e
> deu-os ao hospedeiro, dizendo: 'Cuida dele, e o que gastares
> a mais, em meu regresso te pagarei.'

O ato de contar essa pequena história reverteu abruptamente a tentativa de um doutor da lei, que era o interlocutor de Jesus neste episódio, de dominar o diálogo entre eles. Alterando o formato do discurso do modo de pergunta/resposta para o modo narrativo, Jesus respondeu à questão "Quem é o meu próximo?", de maneira clara e simples, enquanto, simultaneamente, assumiu o controle sobre o curso do diálogo.

A pergunta colocada pelo intérprete da lei "Quem é o meu próximo?" reflete a preocupação com a análise da letra da lei. Essa questão introduzia complexidade ao entendimento e prática de um ensino simples e direto: ame seu próximo. A natureza da questão implica que a análise racional e legalista é a solução essencial para o problema das demandas humanas de compaixão e ajuda ao próximo.

Ao contar uma parábola, Jesus impôs uma forma de discurso que é altamente pessoal e que não tem nenhuma pretensão de ser uma discussão neutra. Além disso, apresenta a característica de ser simples, aberta, orientada em direção à ação, ao invés de ser intelectualizada.

Além da questão formal da parábola, há alguns aspectos ligados ao seu conteúdo que devem ser mencionados ainda. O contraste entre o procedimento do sacerdote e do levita, em relação ao do samaritano, personagens da parábola, é proposital e chocante.

O primeiro pertencia a uma classe única em Israel que tinha direito de reivindicar precedência, pois possuía dignidade religiosa. "Da mesma forma que alguns têm o hábito de traçar a sua nobreza, até este ou aquele homem", diz o historiador Flávio Josefo, "em nossa nação, a marca da verdadeira nobreza é extrair a linhagem do sacerdócio" (In: BAILEY, K. A *Poesia e o Camponês*. São Paulo: Vida Nova, 1985, p.86). O sacerdócio era, pois, uma casta exclusivista, composta de homens respeitáveis, abastados, de perfeição física, e quase sempre dentro do mesmo pequeno grupo de famílias.

Além disso, o sacerdote era um prisioneiro de seu próprio sistema legal. A lei escrita relacionava cinco fontes de contaminação. O contato com um cadáver estava no topo da lista. A lei oral acrescentava mais quatro. O contato com um não-judeu era a primeira dessa lista adicional.

O encontro do profissional da religião com o moribundo, com a possibilidade de ele estar morto ou de não ser um judeu, criava um conflito entre atender às necessidades de um homem ou subverter aspectos de um rígido sistema ético-religioso.

A segunda classe de pessoas apresentada na parábola foi a dos levitas que não tinha tantos impedimentos ritualísticos quanto a dos sacerdotes. Sejam quais forem os motivos, repetindo o modelo desumanizador do sacerdote, o levita viu o quadro que clamava ajuda ao homem, mas também passou pelo outro lado.

Decididamente, depois desses dois primeiros, não havia personagem mais inesperada e chocante para entrar em cena do que um samaritano. Só a História é capaz de revelar o ódio mantido pelos judeus para com os samaritanos, através dos tempos.

Samaria, capital do reino israelita do norte, caiu ante o império assírio em 722 a.C. Embora o povo remanescente que ficou na terra de Israel tenha envidado esforços para dar continuidade à adoração ordinária, a mistura gradual com povos colonizadores, enviados de várias partes do império assírio, foi alterando paulatinamente a atitude e a adoração do povo, além de ter criado uma raça mista. As conquistas efetuadas pelos gregos, séculos mais tarde, aumentaram ainda mais essa fusão de raças.

As relações entre judeus puros e samaritanos mestiços experimentaram nos tempos de Jesus especial agravamento, depois que os samaritanos, durante a festa da Páscoa, tornaram a praça do templo impura espalhando nela ossadas humanas. H. Danby faz uma citação de um oráculo judaico que traduz um pouco do ódio contra os samaritanos: "Aquele que come pão dos samaritanos é como aquele que come a carne dos suínos." E isso era uma legítima abominação para um judeu.

Com a introdução do samaritano na cena, expõe-se um dos sentimentos mais profundos do interlocutor de Jesus e de toda a nação judaica. O transbordamento das emoções solidárias do samaritano contrasta de maneira radical com a ausência delas da parte do sacerdote e do levita. A omissão das emoções e ações do sacerdote e do levita corresponde à concisão do discurso, no plano da narrativa. Por outro lado, a largueza dos sentimentos do samaritano corresponde à riqueza de detalhes na narrativa.

Certamente, há outros elementos que poderiam ser explorados nesta análise. Por exemplo, poderíamos apontar para o fato de Jesus, na verdade, não haver respondido à questão colocada pelo jurista judeu, mas haver subvertido o foco do diálogo. De maneira clara, percebe-se um deslocamento do ponto de referência. O doutor da lei levantou sua questão tendo a si próprio como centro das atenções. Por tudo o que ele era e representava no contexto da nação judaica, assumiu a posição de autoridade perguntando, numa paráfrase: "Quem eu vou ajudar?" Ele é que reunia as condições de poder.

Todavia, com o desenvolvimento da parábola, pela construção do discurso, Jesus foi desviando o foco para a figura do necessitado, mostrando que, num espaço de desumanização, de assalto às condições de dignidade humana, as preocupações têm que incidir, não sobre os poderosos, mas sobre aqueles que agonizam à beira do caminho.

Dessa forma, observou-se que, por meio da parábola, fica estabelecido um repúdio ao comportamento condenável dos altos poderes religiosos judaicos, o que, em última análise, constitui um legítimo confronto com atitudes de orgulho e soberba, expressas sutilmente na pergunta do doutor da lei.

Por isso, pode-se afirmar que, além do desempenho de funções pedagógicas para se transmitir um princípio qualquer, a parábola pode ser um instrumento poderoso para se instaurar uma denúncia velada e indireta contra atitudes dignas de repreensão, exercendo também a função confrontativa no interior do discurso.

Da ética à estética ou a dupla face das parábolas evangélicas

O místico escandinavo Emanuel Swedenborg (1688-1772), inspirado por Jesus, concebeu um céu de amor, de trabalho, sem caráter de recompensa e eminentemente intelectual. Para chegar ao céu swedenborguiano, o homem não deveria renunciar a nada que agradasse a seu temperamento. Se renunciasse, cairia em danação. O escritor argentino Jorge Luís Borges (1899-1986) conta-nos uma história de Swedenborg, na qual um homem, disposto a ganhar o céu, a tudo renunciou. Rezou, implorou o céu, foi empobrecendo a própria vida. Morto, chega ao céu, onde não sabem o que fazer com ele, porque, ouvindo o diálogo dos anjos, não o entende; esforçando-se para aprender, nada aprende, já que se tornara apenas um homem justo e mentalmente pobre. Então, foi-lhe concedido o dom de projetar uma imagem, o deserto. Por negar os prazeres e os gozos da vida – o que também é um mal –, sua penitência o tornou indigno do céu e o condenou à solidão eterna.

A originalidade de Swedenborg reside no fato de que o ser humano precisaria salvar-se também intelectualmente. Seu céu, conforme lembra Borges, é um lugar de debates teológicos entre anjos, vetado aos que não apresentem condições de acompanhar tais debates. O místico proferiu declarações inequívocas sobre a necessidade de justapor a inteligência às fundamentais justiça e virtude: O *tonto não entrará no céu por mais santo que seja*; *Há que pôr de lado a santidade*; *há que revestir-se de inteligência*. A influência exercida por Swedemborg, todavia, não foi tão vasta quanto deveria ter sido, possivelmente porque seus textos são muito minuciosos, dogmáticos, repetitivos, desprovidos de analogias. Se empregasse parábolas, seu pensamento talvez tivesse cumprido aquele que, para Borges, deveria ser seu destino: renovar a igreja em todas as partes do mundo.

A parábola, pertencente ao gênero literário da *rerum similitudo*, tem encantado os homens desde há muito. Embora presente no *Antigo Testamento*, é o *Novo* que se incumbe de elaborá-la de modo tão próprio que, parábola, na acepção corrente do termo, é o que os evangelistas, sobretudo os três primeiros, conservaram para nosso dever/prazer. Tendo por elementos materiais a imagem e a doutrina, as parábolas evangélicas tendem a centrar-se nas tarefas cotidianas, nas ocupações humildes e nos costumes dos homens, tornados exemplos do bem ou do mal. Podem, à primeira vista, ser paradoxais, como a "Parábola dos trabalhadores", em que os operários da vinha são desiguais no trabalho, mas iguais na féria. Tendem a ser dinâmicas: a semente nasce, a rede lança-se ao mar, o pródigo arrepende-se. Esse quadro tão animado é emoldurado pelo tom doutrinal com vistas ao reino de Deus.

Ao selecionarem os textos que comporiam seu fascinante *Mar de histórias*: Antologia do Conto Mundial (Rio de Janeiro: Nova Fronteira, 1980), Aurélio Buarque de Holanda Ferreira e Paulo Rónai renderam-se ao encanto das parábolas evangélicas, por considerarem-nas de *esplêndida beleza poética* e, além disso, por entenderem-nas como uma espécie de protoforma do conto moderno. A referida antologia traz a "Parábola dos trabalhadores" e a "Parábola do semeador", antecedidas por um sucinto e eficaz comentário acerca do gênero que se tornou *a veste adequada e quase exclusiva dos ensinamentos de Jesus*.

Recorrendo ao ensino por meio de parábolas, para evitar as ciladas dos adversários e prevenir interpretações errôneas do auditório, Jesus despertava a curiosidade dos ouvintes e o desejo de ulterior explicação. Até hoje busca-se essa explicação, porque o reino de Deus parece estar sempre no seu começo para cada geração humana e, sobretudo, porque a parábola, dada sua força poética, é um primeiro ensinamento que mantém uma penumbra desafiadora, algo como ver e não ver, ouvir e não ouvir.

As parábolas evangélicas, portanto, são tanto instrumentos pedagógicos quanto expressões estéticas. Impressionado com o vigor estético delas, William Blake declarou que o homem deveria salvar-se também pelo exercício da arte, observando que Cristo, ao empregar parábolas, foi também um artista.

A parábola no ensino

A parábola apresenta um conjunto de elementos estruturais que poderiam ser estudados no ensino, tais como sua estrutura literária enquanto discurso alegórico; os elementos morfológicos e estruturais ocorrentes na construção da ação; a representação do espaço, do tempo e das personagens; os traços funcionais e de efeito na tradição do gênero e atualmente; os tipos de parábola æ a religiosa, a política, a existencial; ou ainda a presença do parabólico no contexto de outras formas literárias, como no teatro ou no conto de fadas modernos. Mas não é deles que falaremos aqui.

Nosso propósito é tratar de uma questão básica da didática da parábola, colocada no nível da recepção textual e constituída pela tentativa de desenvolver procedimentos por meio dos quais se possa compreender o caráter transpositivo do discurso alegórico, que forja a relação entre a esfera figurada e a esfera concreta. Mostraremos aqui dois procedimentos de transposição, em dois tipos de parábolas profanas — uma tradicional e outra moderna.

O escritor alemão Johann Gottfried Herder (1744-1803) deixou entre seus escritos uma parábola que documenta importante momento da Ilustração na sua luta contra os abusos do Absolutismo Monárquico. Seu título é "Em um estado, o maior dos males é a ratazana no interior da estátua", e vai a seguir traduzida por nós do livro de Therese Poser, *Parabeln* (Stuttgart: Philipp Reclam, 1983, p.16).

> Hoan-Kong perguntou certa vez a seu ministro Koang-Tschong: "o que é que mais se deve temer em um estado? Koang-Tschong respondeu: "Alteza, na minha opinião, nada se deve temer mais do que aquilo que é chamado de 'a ratazana no interior da estátua'."
>
> Hoan-Kong não entendeu essa comparação. Koang-Tschong explicou, então, ao Príncipe.
>
> — Vossa alteza sabe que, em muitos lugares, é costume erguerem-se estátuas do "Espírito do Local". Tais estátuas fei-

tas de madeira são internamente ocas e pintadas por fora. Uma ratazana penetrou no interior de uma delas e não se sabia como fazer para expulsá-la de lá. Ninguém ousava usar o fogo com o temor de que danificasse a madeira da estátua. Ninguém ousava também pôr a estátua na água, com o temor de que se lhe pudessem apagar as cores. E, assim, o respeito à estátua cobriu e protegeu a ratazana.

— Em um estado, quem são essas ratazanas? — perguntou Hoan-Kong.

— Gente — falou o ministro — que não tem mérito nem virtude e que, apesar disso, goza dos favores do príncipe. Essa gente corrompe tudo; as pessoas vêem-na e suportam-na silenciosamente, mas não sabem como atacá-la nem como acabar com ela. Essa gente é a ratazana no interior da estátua.

Nessa parábola, a condução da ação se distribui por três seqüências: uma situação inicial, onde se dá a comparação; o desenvolvimento concreto da comparação por meio do relato de um determinado caso especial da vida cotidiana; e a explicação da relação entre a esfera figurada e a concreta, configurando-se a interpretação.

A primeira seqüência é formada, assim, pela comparação: "em um estado o que mais se deve temer é a ratazana no interior da estátua". Já a segunda nasce da falta de clareza, da obscuridade da imagem, solicitando uma explicação, dada sob a forma de um relato em linguagem figurada: o costume de erigirem-se estátuas de madeira ocas e pintadas, a penetração da ratazana no interior dessas estátuas e as dificuldades para exterminá-la. A terceira seqüência, caracterizada pela interpretação, tem como cerne as seguintes correlações: de um lado, estão as personagens "estátua" e "príncipe", objetos de culto, veneração e respeito e, de outro, as personagens "ratazana" e "gente", em que os atributos negativos da primeira contaminam depreciativamente a segunda. O processo de degradação aqui instaurado expande-se, por sua vez, para a primeira correlação com o fato de o príncipe conceder proteção a essa gente/ratazana, acarretando-lhe a perda de respeito e o questionamento de sua posição alta e elevada.

As três seqüências em que se divide a construção da ação na parábola podem ser reduzidas a duas (ver "A ovelhinha do pobre", analisada à p.4) ou ainda a uma única seqüência narrativa, em que a imagem e o significado estão fundidos e necessitam ser decifrados pelo leitor. Esse último modelo é comum na parábola profana moderna, de que é um bom exemplo uma das histórias do senhor Keuner – "O sr. K. dirige automóvel" – do escritor alemão Bertolt Brecht (1898-1956) (*Histórias do sr. Keuner*. Trad. Paulo César Souza. São Paulo: Brasiliense, 1989, p.60).

> O Sr. K. tinha aprendido a dirigir automóvel, mas ainda não dirigia muito bem. "Eu só aprendi a dirigir um automóvel", ele se desculpava. "Mas temos que saber dirigir dois, isto é, também aquele que vai na frente do nosso. Apenas quando observamos quais as condições do tráfego para o automóvel que vai na frente, e quando julgamos os seus obstáculos, é que sabemos como proceder em relação a esse automóvel".

O narrado não se divide em uma parte figurada e outra concreta e o lado narrativo do texto já atualiza ao mesmo tempo o nível de significação. Para que se possa atingi-lo é conveniente partir de certos pressupostos e implicações contidos no ato de dirigir um automóvel: exercício e domínio de certos procedimentos instrumentais, como a técnica do uso das mãos e dos pés e da percepção, e o aprendizado e observação das regras de trânsito. Mas, para o sr. Keuner, a satisfação desses predicados não são suficientes para se dirigir automóvel. Esse objetivo só será alcançado, quando se estiver em condições de dirigir dois automóveis, isto é, "também aquele que vai na frente do nosso". Tal fato implica a aquisição da competência e capacidade de observar as relações que caracterizam o ato de dirigir, descrito nas últimas linhas do texto.

Elemento decisivo para se entender o texto é o deslocamento semântico que se dá entre a expressão inicial "aprender a dirigir um automóvel" e a formulação final "saber como proceder em relação a esse [segundo] automóvel". Esse desloca-mento semântico torna transparentes e explícitas dimensões sociais e morais da esfera figurada, apontando a passagem de um ato mecânico e individual, no início, para, no final, um processo social de relação entre seres humanos. Tratando na aparência da aprendizagem de dirigir automóvel, essa narrativa parabólica aborda, na verdade, a questão social e moral da interação produtiva entre seres humanos, o que requer a especificidade de assumir diferentes perspectivas, de pensar a partir do ângulo de nossos semelhantes, desempenhando, assim, o papel do outro e superando o limitado modo de ser individual. Do ponto de vista moral, essa superação significa que só é capaz de alcançar uma conduta adequada aquele que consiga observar, nos seus atos, as relações com os demais seres humanos, julgando os problemas e ajustando sua própria ação de uma maneira responsável.

13.

RIR É O MELHOR REMÉDIO

Carlos Erivany Fantinati
Benedito Antunes
Alice Áurea Penteado Martha

O cômico é coisa séria. Esse é o tema do artigo de Carlos Erivany Fantinati, "A seriedade do cômico", que trata da importância do trabalho com essa modalidade textual na escola. Centrado no conflito e na contradição, o cômico possibilita ao aluno o reconhecimento de discrepâncias e incongruências, facilitando seu acesso aos textos literários, que se utilizam do efeito de estranhamento. Em "O humor que desvela", Benedito Antunes aborda a sátira, recurso textual que ridiculariza aspectos da realidade dissonantes dos valores morais do autor e do leitor. Por tratar de um referencial imediato, o texto satírico é efêmero, o que leva seu autor a cair em rápido esquecimento. A propósito desse fato, o texto relembra um autor que causou furor em São Paulo, no início do século XX: Juó Bananére. Por fim, "A estética do bom humor", de Alice Áurea Penteado Martha, comenta os recursos utilizados por Sylvia Orthof para provocar o riso e gerar o inusitado, o que permite ao leitor voltar à realidade com uma visão mais questionadora.

A seriedade do cômico

A copiosa e sortida vestimenta do cômico não parece seduzir a educação formal. Está aí para prová-lo a baixa ocorrência de textos cômicos nos livros didáticos e nas propostas de ensino do português e o tratamento quase sempre equivocado ou distorcido do assunto quando consegue ser matéria de aula.

Os fatores responsáveis por essa interdição disfarçada são de ordem vária. Dois, porém, parecem inquestionáveis. Um refere-se à deficiente preparação teórica e pedagógica dos professores para lidar com o fenômeno. O outro diz respeito à posição dominante, embora não claramente explicitada, da escola diante do cômico, considerado por ela como manifestação artística e literária pouco séria para freqüentar o sério espaço da educação formal. Os argumentos que, camufladamente, sustentam essa postura talvez sejam a ligação do cômico e do riso com o prazer e o lúdico, desconsiderados em relação ao útil, o caráter subversivo deles diante de normas, regras e preceitos estabelecidos, sua irreverência em face dos domínios proibidos e sacralizados e sua falta de respeito para com áreas interditas e tabuizadas.

Essa atitude negativa diante do cômico e também, é claro, do riso, mantida implicitamente pela escola, tem fortes raízes na sociedade, conforme se pode ler no instigante artigo de Luiz Felipe Baêta Neves "A ideologia da seriedade e o paradoxo do coringa" – publicado na *Revista de Cultura Vozes* (n.1, v.68, jan./fev. 1974). Embora de 1974, o artigo é bastante atual, ao tentar estabelecer algumas razões que poderiam explicar a parcimônia de análises teóricas e a ideologia vigente a respeito do riso e da comicidade. Principiando por apontar já na escassez bibliográfica teórica, inclusive em nível internacional, os cerceamentos sociais existentes acerca do cômico e do riso, indica como uma das causas, de fundo cultural, o que chama de "ideologia da seriedade", mostrando a seguir as linhas que a sustentam ou os pilares em que ela se apóia.

Apesar de todo esse sitiamento ideológico teórico e prático que cerca o cômico e o riso, têm eles papéis relevantes a desempenhar na área do ensino de modo geral, conforme se verá a seguir, nos estudos alemães sobre o assunto (*Práxis Deutsch*, n.125, maio 1994).

No ensino fundamental, é preciso diferençar dois momentos sobre o sentido que o cômico possa ter para os alunos. Até sua primeira metade, as crianças acham cômica toda forma de desvio da norma. O riso tem apenas função de confirmar a norma ou regra, pois, na contra-imagem do cômico, as crianças adquirem certezas sobre a noção do correto, isto é, sobre as concepções normativas. Já na segunda fase do ensino fundamental, o jovem começa a considerar cômica a própria norma, submetendo-a ao escárnio do riso de zombaria, externando com isso o desejo de escapar à opressão das regras da ordem social. O cômico serve, então, para atacar aquilo que a sociedade considera correto, evidenciando nisso uma relativização da consciência da norma. Certeiras e importantes essas observações, convém, no entanto, ampliá-las, chamando a atenção especialmente para o cômico de origem sexual, cujo riso, nas crianças e jovens, reivindica os direitos do corpo sobre as exigências do espírito, afirma as aspirações do instinto e dos desejos, manifesta a satisfação pela quebra de tabus e alivia as tensões causadas pela rigidez e pelas imposições morais.

Na escola, o cômico é ainda relevante pelo seu traço estrutural básico, centrado no conflito ou contradição com uma norma ou regra, ao permitir ao aluno que aprenda a reconhecer desvios, discrepâncias, dissonâncias ou incongruências. A vivência dessas modalidades de tensão estimula a formação intelectual, motivando para um esforço de compreensão, que visa restabelecer uma norma violada ou a superação de uma contradição.

As competências intelectuais e de leitura desenvolvidas pelos alunos na convivência com o cômico podem desempenhar no ensino de modo geral uma função didática mais ampla. Elas permitirão o acesso metódico a outras modalidades de textos verbais e não-verbais, cujo princípio estrutural é regido também pela contradição ou pelo desvio em relação a uma norma. É o caso, por exemplo, dos textos com função de crítica social, entre os quais se podem incluir a lírica política, as canções de protesto, as formas do teatro épico, do teatro grotesco e do teatro do absurdo, as formas curtas como a fábula e a parábola e o anti-conto de fadas.

Esse acesso seria também facultado a categorias e formas estéticas que mantêm uma estreita relação de semelhança com o cômico – o humor, o humor negro, a caricatura, o cartum, a charge, a sátira, a ironia, a paródia – e de cujas diferenças não se falou intencionalmente aqui. E, generalizando, talvez se possa afirmar que seria ele uma significativa porta de entrada para todos os tipos de textos verbais e não-verbais que se utilizam do efeito de estranhamento ou distanciamento, em sua ampla e variada gama, como procedimento em arte e literatura.

O humor que desvela (Juó Bananére pelado)

Em literatura, o humor nem sempre se limita a um recurso para fazer rir; torna-se geralmente crítico e revelador. E quando isto acontece surge a sátira, modalidade literária que tem como principal característica o combate a padrões instituídos que não correspondem a valores humanos tidos como positivos.

Enquanto sátira, essa literatura não é muito valorizada, pois, segundo alguns teóricos, não constitui um gênero, e sim um método de criar. Trata-se de um recurso para pôr em destaque, pelo exagero, pela negação e mesmo pelo grotesco, aspectos da realidade que não correspondam aos valores próprios de uma norma moral elevada. E, para que isto ocorra de modo eficaz, é preciso que autor e público estejam de acordo quanto ao objeto da sátira. Daí o seu caráter efêmero, pois tende a perecer conforme se perca o referencial imediato.

Esta é talvez a principal razão do esquecimento em que se encontra um autor que causou furor na imprensa paulista nos anos imediatamente anteriores à explosão do Modernismo: Juó Bananére, figura criada pelo engenheiro Alexandre Ribeiro Marcondes Machado (1892-1933). Apesar do grande sucesso, deixou apenas dois livros publicados: *La Divina Increnca* (1915) e *Galabáro* (1917), nos quais reuniu suas mais famosas paródias literárias publicadas no periódico O *Pirralho*, fundado em 1911 por Oswald de Andrade (1890-1954) e Voltolino, pseudônimo de Lemmo Lemmi (1884-1926).

No *Pirralho*, Juó Bananére escreveu também inúmeros textos em prosa, logrando criar um universo fantástico povoado de personagens de ficção e figuras reais que eram atacadas pela sua sátira. Desfilaram aí políticos famosos, gente da sociedade, personalidades históricas e diversos tipos populares.

A grande novidade desse universo, no entanto, estava na linguagem que lhe dava sustentação, chamada de macarrônica por basear-se na imitação do falar dos imigrantes italianos que constituíam grande parte da população de São Paulo na época. Ao misturarem italiano e português, os imigrantes inspiraram a Bananére uma linguagem que se revelou rica em efeitos cômicos e críticos, pois permitiu aproximar, mais do que duas línguas que se distinguiam claramente, diversos aspectos socioculturais conflitantes do momento.

Graças a esse recurso, ao imitar a historiografia e narrar, por exemplo, o descobrimento do Brasil, já comicamente designado como "invençó do Brasile" (ver página ao lado), Juó Bananére pôde, além de divertir pelo uso cômico de uma língua estranha, desfazer idéias cristalizadas sobre o fato histórico e aproximá-lo do momento presente, que passava a ser visto também criticamente. Isto é: Cabral vai à África para, antecipando o que se faria depois, buscar escravos, sugerindo com isto, dentre várias outras coisas, que não havia sentido descobrir o Brasil sem trazer logo a mão-de-obra escrava. Em seguida, a figura de Cabral serve ainda para satirizar os acadêmicos contemporâneos ao ser homenageado na Faculdade de Direito com uma paródia poética atribuída a Camões.

Como se vê, o recurso da mistura proporcionada pelo macarrônico dá a Bananére uma nova linguagem, diferente das línguas oficiais, que lhe permite fugir também de uma visão de mundo condicionada e revelar aspectos da vida, dos costumes, da cultura e da história que estavam encobertos pelas convenções vigentes. É expressivo, neste sentido, o episódio em que, descontente com as normas impostas pela "convençó suciali", que "é uma purçò di impocrisia i di regolas chi a genti non podi dà o fóra nella sinó vai p'ra gadêa", Bananére resolve sair pelado no centro de São Paulo. É logo abordado por um "surdadigno"que quer prendê-lo, mas não se rende e reage: "Intó io fiz um signalo p'ru Xico, p'ru Beppi i p'ru Carluccio e gridê: 'Abax'o as convençó suciali!' i fexemos o tempo".

A estética do bom humor

Quando se pensa em cômico na literatura infanto-juvenil brasileira, imediatamente surgem nomes como o de Lobato, Ziraldo, Elvira Vigna e Sylvia Orthof, entre outros, que veiculam em suas obras idéias engraçadas e bem-humoradas. Em Sylvia Orthof, destaca-se a persistência com que se vale de recursos desencadeadores do riso para recriar situações inusitadas e absurdas que não só divertem o leitor, mas também o levam a refletir sobre a realidade que o circunda.

Desde os títulos, almejando estabelecer entre o receptor e o texto uma relação prazerosa de cumplicidade, a escritora indicia as brincadeiras contidas no interior de suas histórias, como se pode observar em *Bruzundanga da Silva*, *A Barriga de H. Linha*, *Saracotico no céu*, *A limpeza de Teresa*, *Fraca fracola, galinha d'angola*, *As aventuras da família Repinica*, *Pirraça que passa, passa ...*, *O sapato que miava*, *Uxa, ora fada, ora bruxa*, *A família Eco-Eco*, *Maria vai-com-as-outras*, *A velhota cambalhota*, para citar apenas algumas obras. Instigado pelos jogos sonoros, pelos contrastes semânticos, pelo inesperado e graça das situações propostas já nos títulos dos livros, o leitor sente-se atraído a decifrar seus mistérios. Também as ilustrações – sejam os *rabiscos* da própria escritora, sejam os desenhos de Tato ou do filho Gê (ilustradores mais freqüentes) – concorrem para enfatizar os traços cômicos e jocosos de seus textos.

Ressalta-se a linguagem lúdica, irreverente e potencialmente ambígua com que a escritora marca sua produção, utilizando instrumentos lingüísticos da comicidade, tais como os trocadilhos, os paradoxos, as tiradas, a repetição e a ironia. Em *Fraca fracola, galinha d'angola*, por exemplo, no trecho em que a personagem foge do médico que a quer tratar, dizendo "– Socorro, socorro! Se eu ficar sem doença... eu juro que morro! Socorro! Socorro!", o paradoxo manifesta-se pela junção de idéias que se excluem mutuamente. Ao brincar com a construção da linguagem, valoriza a sonoridade, o ritmo e a rima, em estruturações inusitadas, reinventando formas de manifestação do discurso, como se vê em *No fundo do fundo-fundo lá vai o Tatu-Raimundo*: "Vem uma senhora baiana vendendo cana caiana. Vem um ministro sinistro. Vem um francês da Inglaterra que viajava longe da sua terra. Vem um general, montado num cavalo de pau. Vem uma mulher implicante, brigando com o elefante". Além dos jogos sonoros, do paralelismo da construção ("Vem um/ Vem um...") e do paradoxo "francês da Inglaterra", o lúdico ganha força com o destronamento da imagem do "general, montado no cavalo de pau", recurso cômico por excelência. Em *Maria vai-com-as-outras*, o clichê que constitui o título e indicia o comportamento da personagem é por si só risível, mas é a repetição o recurso que garante o tom engraçado da narrativa: "As ovelhas iam pra baixo. Maria ia pra baixo/ As ovelhas iam pra cima. Maria ia pra cima". Ao final da narrativa, a inusitada atitude da ovelha causa estranhamento no espírito do leitor, provocando o riso: ao chegar a sua vez de pular do Corcovado, quebrar o pé e chorar mé, como vinham fazendo as demais, Maria "deu uma requebrada, entrou num restaurante e comeu uma feijoada".

O levantamento dos instrumentos lingüísticos da comicidade revela o exercício de uma sátira sutil, em que é possível observar a crítica a certos exageros de comportamento, na atuação francamente debochada de personagens como Teresa, com "mania de limpeza", a "hipocondríaca" Madame Galinha D'Angola, a "indecisa" Maria, que sempre vai-com-as-outras mas acaba aprendendo a tomar suas próprias decisões, a "volúvel e atrapalhada" Uxa, ora fada, ora bruxa, tão parecida com muita gente, ou ainda o "emotivo" garçom Joaquim, apaixonado pela mesa de botequim, Eufrásia.

Outro traço marcante da obra da escritora é o uso da paródia, uma forma literária que repete e nega, ao mesmo tempo, o texto que imita, provocando a tensão cômica. Elementos da paródia ocorrem em narrativas que recuperam os contos de fadas como, por exemplo, *Ervilínea e o princês*, *Uxa, ora fada, ora bruxa* e *Manual de boas maneiras das fadas*, entre outras.

Embora a estrutura dos textos de Sylvia Orthof privilegie, freqüentemente, o lúdico, o *nonsense*, o absurdo e o grotesco, aparentemente sem compromisso com a reflexão, suas narrativas acabam problematizando questões com as quais a criança e o adolescente, seus leitores em potencial, se defrontam no dia-a-dia. Desse modo, pela brincadeira, pela imaginação, os leitores podem retornar à realidade com uma visão mais questionadora.

14.

MUDARAM OS NATAIS?

Carlos Erivany Fantinati
João Luís C. T. Ceccantini
Rony Farto Pereira

Mudou o Natal ou mudamos nós? Para Carlos Erivany Fantinati, que escreve "25 de dezembro", as vitórias de Papai Noel, na história brasileira, mudaram o Natal de nosso país. Com uma visão das principais modificações ocorridas, desde a instituição oficial do Natal, no século IV, o autor faz um panorama das diversas manifestações dessa data, numa interessante viagem no tempo e no espaço. João Luís C. T. Ceccantini, em "Papai Noel à brasileira", promove um passeio pela literatura brasileira, resgatando textos ligados à data. "Natal revisitado", uma crônica de Rony Farto Pereira, encerra o volume, tocando em significados trazidos à tona pelo nascimento de uma criança, em uma família pobre, numa noite de Natal de uma cidade do interior.

25 de dezembro

No Brasil, a vitória ocorreu na década de 1960, conforme documentam os jornais, as revistas e sobretudo a propaganda comercial da época. Papai Noel, símbolo do comércio natalino, derrotou o Menino Jesus, síntese do espírito de Natal, passando a ser, assim, o representante oficial da festa de 25 de dezembro.

De nada valeram as propostas para salvar o Natal, buscando restaurar-lhe o verdadeiro significado de comemoração cristã do mistério da Encarnação. De nenhuma eficácia resultaram meios radicais cogitados como o de matar o velhinho de barbas brancas e veste vermelha com gorro, visto como terrível adversário dos cristãos e até mesmo, pelos mais indignados, como "artimanha do diabo".

Vitorioso já fora Papai Noel na década anterior quando do seu embate com nacionalistas radicais brasileiros, que, à maneira de redivivos Policarpos Quaresmas, tentaram nacionalizar o Natal, propondo a criação do "Vovô Índio" com as mesmas funções de Papai Noel, tendo a auxiliá-lo na distribuição de brinquedos a figura do Saci Pererê.

As vitórias de Papai Noel mudaram o Natal brasileiro. Com elas ascendeu, além dos negócios comerciais, a árvore de Natal, que, inicialmente um pinheiro, passou paulatinamente a ser feita de papel crepom e arame, depois de matéria plástica e mais recentemente de outros materiais sintéticos por razões ecologicamente corretas. Ascenderam ainda as velas elétricas, a seguir as pequenas lâmpadas ornamentais, substituindo as velas de cera. As canções da MPB foram trocadas por *White Christmas*, *Jingle Bells* e por *A Harpa e a Cristandade* de Luis Bordón.

E o Natal mudou tanto que alguns religiosos cristãos chegaram ao extremo de afirmar que ele é hoje uma festa quase pagã, só não o sendo integralmente por causa de sua simbologia. O que talvez não se goste de lembrar é que a data de 25 de dezembro acabou por reencontrar em nossos dias os seus traços não-cristãos, consagrada que era, com grandes pompas, em todo o Império Romano, ao deus Mitra, o "Sol Invicto", divindade pagã de origem védica, responsável por cobrir a terra de frutas, flores e verdura e dar vigor à saúde.

O lado cristão da data só começou no século IV, quando o Papa Júlio I escolheu e fixou, em Roma, o dia 25 de dezembro como a data da comemoração do nascimento de Jesus. Seu procedimento não obedeceu a nenhuma indicação precisa contida nos Evangelhos e deu-se de acordo com atitude comum do clero romano nos primeiros tempos do cristianismo: a de substituir festas pagãs pelas comemorações da nova religião, aqui eliminando-se o culto pagão ao deus Mitra e celebrando em seu lugar o nascimento do Deus Menino. As igrejas cristãs orientais não aceitaram passivamente a deliberação do clero romano, pois tinham por tradição festejar o nascimento de Jesus no dia 6 de janeiro. Finalmente, porém, a data de 25 de dezembro acabou impondo-se.

O presépio só aparece mais tarde, tido como criação de São Francisco de Assis, no ano de 1223. Palavra que significa estábulo, o presépio é armado em dezembro e representa a cena de adoração do Menino Jesus na manjedoura de Belém, sendo constituído basicamente por um grupo de 11 figuras: o próprio Menino Jesus, Maria, José, o boi, o burro, os três pastores, os três Reis Magos.

O Natal foi trazido para o Brasil na bagagem do processo colonizador a partir do século XVI. Adaptou-se às condições físicas e sociais da nova realidade, dando origem, na cultura popular, a um verdadeiro ciclo de bailados, cantos tradicionais, bailes, reuniões, enquanto se consumiam alimentos típicos provindos tanto da tradição européia quanto da influência negra e indígena. O tempo do Natal estendia-se tradicionalmente de meados de dezembro até o dia dos Reis Magos, quando ocorria por todo o Brasil uma série de festas, especialmente pelo interior do país, onde a tradição permanecia mais viva. Entre as mais prestigiosas destacavam-se bumba-meu-boi, boi, boi-calemba, cheganças, marujadas ou fandangos, congadas ou congos, reisados.

Dos fins do século XVIII até o princípio do século XX foi comum entoarem-se cantos, louvações e loas e cantarem-se entoadas diante do presépio na noite de Natal, aguardando-se a missa da meia-noite (Missa do Galo). A esses cantos e entoadas dava-se inicialmente o nome de lapinha, palavra tida como sinônimo de presépio, pois, segundo certa tradição preservada na Idade Média, Jesus Cristo teria nascido numa lapa, caverna ou gruta. Mais tarde passaram elas a chamar-se pastoril, por representar a visita dos pastores ao estábulo de Belém. "A diferença entre as lapinhas e os pastoris é que as primeiras eram representadas diante dos presépios, as lapas, lapinhas clássicas. Os pastoris eram a mesma coisa, mas podiam dispensar a lapinha de Belém", ensina o dicionarista do folclore brasileiro Luís de Câmara Cascudo. E ajunta: "Com o passar do tempo a popularidade do folguedo afastou-o da devoção intencional. Os presépios foram desaparecendo e as pastoras cantavam novidades ao sabor do gosto contemporâneo." Iniciados em princípios de dezembro, os pastoris se encerravam com uma representação final, a queima das palhinhas ou das lapinhas, a partir do dia dos Reis Magos.

Enquanto o Natal no Nordeste e Norte do Brasil desenvolveu-se com a passagem das sagradas lapinhas para os cada vez mais profanos pastoris, no Rio de Janeiro propiciou ele a formação de grupos festeiros – os ternos e os ranchos – cujo processo evolutivo se assemelha ao anterior. "Inspirados na romaria dos pastores até a manjedoura, dedicavam-se a visitar determinadas casas, onde a pousada lhes era oferecida sob a forma de comes e bebes", informa o historiador da música popular brasileira, José Ramos Tinhorão. Mais tarde – continua ele – "tais ternos e ranchos, inspirados, para fins de desfile, na organização das procissões, transformaram-se pouco a pouco em verdadeiros préstitos, acompanhados de música". E "já a partir de 1872, pelo menos" – delimita Tinhorão – os ranchos começaram a sair "não mais em janeiro para adorar o Deus Menino, mas em fevereiro ou março, pelo carnaval".

No interior das casas cariocas, o Natal era comemorado pelo cultivo da mesa e do vinho fartos. Enquanto se esperava a "missa do galo", os parentes reunidos patriarcalmente na casa do "velho" atiravam-se "ao bacalhau, às papas, ao sarrabulho, às castanhas, ao milho verde e à jeropiga, que era o vinho caprichosamente temperado pela cachaça na hora da fermentação", conta o mesmo historiador.

O Natal, cultivado segundo o velho estilo português, aculturado durante os três séculos de colonização e quase um de império sofreu mudanças significativas a partir dos princípios do século XX, devido ao processo de industrialização e urbanização. Um dos "grandes culpados da transformação", como diria Noel, foi o cinema americano, mudo e falado, juntamente com a cada vez maior influência dos imigrantes estrangeiros, aportados aqui a partir do fim do século XIX. Tudo isso contribuiu para que a festa do Natal passasse a ter a configuração e a decoração atuais, esboçadas no início deste artigo.

A Europa também passou por semelhante processo, havendo lá o mesmo tipo de Natal que conhecemos. Com o advento da internacionalização do mito do Natal, reforçado pelos avanços da técnica, dos meios de comunicação de massa e da escala que atingiu a mundialização da cultura, uma tendência forte parece apontar para "uma volta à unidade dos símbolos míticos, nascidos todos no alvorecer da humanidade, por força da sugestão do mistério da vida e da morte", já assinalava José Ramos Tinhorão em 1963.

Papai Noel à brasileira

Sabemos que Papai Noel é uma combinação de diferentes lendas e criaturas míticas, tendo,entretanto, como principal base na era cristã o bispo Nicolau de Smyrna (hoje, Turquia). Nicolau viveu no século IV d.C., tendo-se tornado famoso por sua generosidade. Muito rico e amoroso em relação às crianças, reza a lenda que freqüentemente alegrava as crianças pobres, atirando presentes através de suas janelas. Daí em diante, o mito ganha maior dimensão e vai sofrendo uma série de modificações, até desembocar no "Santa Claus" da cultura anglo-saxã, ou seja,o tradicional Papai Noel conhecido de todos nós, cujo principal traço, o da generosidade, não se altera ao longo do tempo.

Isto é, não se altera até ser colocado sob o sol dos trópicos pelos nossos escritores modernistas e contemporâneos. Já em 1930 Carlos Drummond de Andrade publica em *Alguma poesia* o seu "Papai Noel às avessas", em que subverte a característica do generoso velhinho, transformando-no num tocante gatuno. No poema, encontramos um Papai Noel brasileiro, humano, de carne e osso, de "cara raspada" e "barbas postiças", com fome, que entra pela porta dos fundos (já que não há chaminés...) numa casa onde dormem profundamente algumas crianças, transforma-se simplesmente em *papai* – não se sabe de quais e de quantas crianças daquele mundo para o qual dá a porta dos fundos. Esse modelo de Papai Noel às avessas fez escola, e encontramos em diversos textos da prosa brasileira deste século, a idéia geral desse "Papai Noel ao contrário", marginalizado socialmente, transgressor da norma, figura acima de tudo humana, que perdeu a integridade e a inteireza do mito. O intertexto com a tradição dá-se, assim, numa clave de irreverência e contestação de valores do passado.

Em "Conto de Natal" (1931), publicado em *Táxi e crônicas no Diário Nacional*, de Mário de Andrade, Papai Noel ressurge na figura do decadente Levino, filho da aristocracia rural paulista falida, que, depois de toda sorte de "profissões menores", se transformou num "garçom noturno" de hotel do interior. O conto flagra o momento dramático em que, numa noite de Natal, Levino ensandece frente às suas humildes atribuições de engraxar os sapatos dos hóspedes e passa a acreditar que é Papai Noel, assaltando uma joalheria, para - num delírio megalômano que remete às suas origens - distribuir generosamente jóias aos hóspedes. Papai Noel termina louco e preso.

Graciliano Ramos, em 1939, com "Atribulações de Papai Noel", publicado em *Linhas Tortas* (obra póstuma), apresenta-nos um não menos decadente Papai Noel "de dentes postiços" e também de cara raspada, funcionário público, cansado e enjoado da profissão. Esse Papai Noel a serviço do Estado (Novo), não vê a hora de que lhe suprimam as funções, mas conservem os vencimentos...

No conto, o autor ainda destila toda sua ironia em relação à ideologia conformista desse *funcionário*, que considera muito razoável que as crianças ricas recebam mais e os melhores brinquedos e as pobres, menos e os mais simples presentes. A única causa que o engaja de fato é a idéia fixa de "substituir o saco pelo caminhão", para acompanhar a evolução da técnica... No conto, tanto marasmo faz com que nem mesmo as crianças levem a sério a patética criatura.

Em "Natal na cafua", conto de João Antônio, publicado em *Malagueta, Perus e Bacanaço* (1963), Papai Noel deixa de ser o protagonista da história, ajudando a compor o espaço social em que se ambienta o conto. Papai Noel é flagrado, então, na figura das anônimas personagens que circulam pelas ruas das grandes cidades, em grotescas caracterizações, à época do Natal:

> Um ou outro Papai Noel de propaganda sustentando cartazes nos braços. Sujeitos magros, desajeitados, alguns eram negros fantasiados de Papai Noel, se arrastando ridículos, as botas imundas de lama.
>
> Um, especialmente um, era triste. Lá em cima duma perua, sentado numa poltrona ordinária, descascada nos braços e amarrada à capota do carro. O homem fazendo propaganda de pasta de dentes. O vento lhe batia na cara e fustigava a barba postiça, sua roupa muito larga, descorada, apalhaçada. Sentado, parado, parecia pensar e deveria sentir frio.

Na literatura brasileira contemporânea, os registros vão-se sucedendo e o Papai Noel mítico cada vez mais se dissolve, perde seus traços originais, deixa de existir como personagem autônoma, não passando de ilusão ou imaginação, evocada na fala ou na atitude de outras personagens. É o caso do "Papai Noel ladrão", conto que integra a coletânea de vários autores A *palavra é* Natal (São Paulo: Scipione, 1991), plasmado no realismo contundente de Bernardo Élis, ou no divertido e irreverente "O dia em que pegamos Papai Noel", de João Ubaldo Ribeiro, publicado em *Sempre aos domingos* (Rio de Janeiro: Nova Fronteira, 1988).

Enfim, se garimparmos a literatura brasileira deste século, veremos que outras tantas representações de Papai Noel se fazem presentes, constituindo um estimulante objeto de leitura, particularmente na comparação com o mito original. Desde que inserido num projeto maior que se dedique a indagar sobre as significações do Natal, muito pode render em sala de aula um levantamento paralelo das características da personagem"Papai Noel tradicional", veiculada exaustivamente pela mídia, e dessas várias outras personagens que vamos encontrando disseminadas na literatura brasileira. Do mesmo modo, depois desse levantamento de traços físicos e psicológicos de tão variados Papais Noéis, por que não utilizar a comparação realizada como mote para se propor a produção de narrativas em que Papai Noel pode ser inserido, criativamente, nos mais diferentes contextos?

Natal revisitado

É noite de Natal. Na rua escura e estreita, não há festa, mas o ar de verão sopra cânticos surdos, que seus ouvidos apenas suspeitam. Na casa pequena, uma única lâmpada, fraca e mortiça, ilumina o leito pobre e encardido onde a mulher geme a intervalos, assustando as cinco crianças que dormem no quarto ao lado. O homem está agora no portão da rua e, enquanto fuma um resto de cigarro, pensa em mistérios tantos.

Para os lados do centro, de vez em quando soa uma buzina solitária e o ronco de uma moto lembra que a vida continua, apesar de ser noite. Deve ser meia-noite, ele adivinha, porque o barulho de carros se torna mais audível; ao mesmo tempo alguns rojões iluminam o céu e o repicar de sinos confirma que chegou mesmo o Natal.

Ouve um gemido mais forte no interior da casa e volta-se. Entra, encostando a porta que range; dirige-se para o quarto e se senta na cama, fazendo uma pergunta em voz baixa, para não acordar os meninos. Na pele escura da mulher minam algumas gotas de suor e é possível notar, por sua ansiedade, que a hora é chegada.

O homem volta à cozinha, pega uma sacola com alguns panos e retorna ao quarto, onde a mulher já está de pé e ajeita os cabelos com a mão trêmula. Ele entra no cômodo em que dormem as crianças e sacode a mais velha; diz-lhe qualquer coisa ao ouvido e saem, marido e mulher, fechando a porta atrás de si.

O ar da noite alivia um pouco a expressão de dor da mulher, que caminha com dificuldade, segurando com força no braço do marido. Desaparecem na escuridão da noite, enquanto champanhes e músicas anunciam noutros lares que um Menino nasceu.

A Vila Nova fica para trás e as ruas com asfalto parecem amenizar o sofrimento inevitável. Nas calçadas, correm crianças; homens e mulheres, nas salas e nas portas, bebem e comem com sofreguidão, como se se preparassem para uma longa viagem.

O homem e a mulher param um minuto e recuperam as forças. As dores da mulher aumentam e, por um momento, uma interrogação muda na fronte do homem é suspeita de que não haverá tempo de chegar ao Hospital. Todavia, continuam a andar e chegam a custo; enquanto ele espera na recepção, ela é rapidamente levada para dentro, tentando sorrir ao transpor o umbral da porta azul.

Uma bomba explode a poucos metros, assustando um bêbado que adormecera na entrada do Pronto Socorro e um cachorro, que se lambia a seus pés. Passa um Passat branco e antigo, com cinco jovens de latas de cerveja nas mãos, fazendo uma algazarra sincera, esquecidos de estarem diante de um Hospital, onde costuma haver mais dores que risos.

O homem sai um pouco para a rampa e estuda o céu escuro, mas de um escuro diferente e brilhante. As estrelas piscam como nunca e ele tem a nítida impressão de ver um cometa mergulhar na cúpula da Caixa d'Água. Reacende o toco de cigarro e volta a pensar nos meninos que ficaram em casa, sem ceia e sem presentes, dormindo e sonhando com um tempo distante, em que comida e brinquedos estarão disponíveis como os grãos de trigo na seara madura.

Quando a enfermeira abre a porta azul e o chama, o coração lhe salta do peito. Segue-a apressadamente e, à porta do Centro Cirúrgico, recebe a notícia dolorosamente esperada: um menino nasceu!

Seus olhos úmidos baixam, numa prece sem palavras, que se confunde com a esperança de dias melhores, com pão e com trabalho, com correria de crianças e com mais encontros que desencontros. As lágrimas que explodem, em silêncio, revelam o mistério de quem compreende, sem querer, o sentido mais profundo e mais exato que aquele Menino deu à Sua chegada, numa longínqua noite de Natal.

SOBRE O LIVRO

Formato: 14 x 21 cm
Mancha: 25 x 39,5 paicas
Tipologia: ITC Novarese Book
Papel: Pólen 80 g/m^2 (miolo)
Cartão Supremo 250 g/m^2 (capa)
1ª edição: 2004

EQUIPE DE REALIZAÇÃO

Coordenação de Produção
Sidnei Simonelli

Produção Gráfica
Anderson Nobara

Preparação de Original
João Luís C. T. Ceccantini

Revisão de Texto
Rony Farto Pereira
Sonia Aparecida Lopes Benites
João Luís C. T. Ceccantini

Projeto Gráfico e Diagramação
Tiago Tagnin

Impresso nas oficinas da
Gráfica Palas Athena